神木探偵　神宿る木の秘密

神木偵探

神宿之樹的祕密

本田不二雄

Honda Fujio

陳嫺若 譯

前言

這趟旅程一直沒有盡頭，只為了見到那些遺世獨立的樹。

這些樹幾乎都擁有不尋常的體積和高齡，而且一看到時，多會發出「哦哦」「哎啊」等不成言詞的驚嘆。不成言詞是因為實在找不到足以精確表達心情的字。

若是真要用什麼語言來形容，就是「すごい（sugoi）」吧。辭典上的解釋是：①驚駭得發抖，非常恐怖。②擁有一般人難以想像的能力、力量。超群絕倫。③出色得令人驚訝，卓越得令人毛骨悚然。④程度遠遠超越一般。⑤非常淒涼，極其荒涼。⑥寒氣逼人讓人打冷顫。（《大辭林　第三版》）

可怕、恐怖、超群絕倫、出色、了不起、淒涼、打冷顫。

這與國學大師本居宣長以前對「神」的敘述一致。

「具有不尋常、出類拔萃之德，值得畏怖之物稱為迦微（kami）」

根據本居大師的說法，「出類拔萃」不只是尊貴美好之物，連惡劣奇妙之物，世上出色的「畏怖」之事，全都稱為kami（神）。

這種「出類拔萃」的巨樹，我們叫做神木。

巨樹都是神木嗎？有些巨樹並不是神木吧？這類的疑問並不少見，但是「驚人」的巨樹，大多位於神社或寺廟院內，即使長在森林中，樹根部多有人建祠供奉，與其他樹有聖俗之別。

實際上，據說在純粹的自然林中，由於物競天擇的原理，很難培育出一枝獨秀的巨樹。也就是說，人稱神木的巨樹，與人類有了關係，因而受到重視而被保留下來。

日本可以說是樹的文明，相對於此，有人反駁，歐洲也勉強算是木材的文明啊。但是他們對「樹」只著眼於「材」，日本人崇拜樹木，認為它是神靈寄居之處，所以理應以樹為中心建築神社，有時也對樹的詛咒驚惶不安。

不只是神社，這種感性也發揮在外來的佛陀上。

據說，奈良的長谷觀音便是用「詛咒樹」雕刻而成，也就是說，人們認為祂的靈驗來自於詛咒樹的神威。這種現象很難用道理解釋，但是日本的佛像主要都是用木頭刻製，有的佛像會刻意留下鑿痕，原因不外乎是重視寄宿在木料上的神性。

愛上神社這個場域，研究佛像精髓的旅途中，卻發現站在我面前的卻是樹的本身。也就是說自稱神佛偵探，莽撞的探索神明、佛陀之謎或玄妙時，終於與「正主」正面對決，大概就是這麼回事。

因為它是「神木」，所以書中的內容較少談及樹本身植物的生態，反倒是偏向探究那棵樹受到如何的崇拜，神木及所在的地點具有什麼意義。這一點盼望各位讀者能夠包涵。

而我在那些地方看到的是終極的生命，說得更正確一點，那些樹木是撼動我們內在靈性的存在。如果有機會，希望讀過本書的朋友也能去看看這些「驚人」的樹，體會一下霎時驚愕、失魂落魄的感覺。

我想那一定會是鮮明但又令人懷念的無價體驗吧。

神木偵探……神宿之樹的祕密

目錄

14 不屈不撓的餘生……64
15 **垂乳根的姥神——銀杏（銀杏／公孫樹）**……66
16 接納村民祈願的「神靈附體」……80
17 屹立在「岩殿」上的聖銀杏……82
18 妖怪、神獸都來附身……84
19 蘊藏著各種故事的銀杏老樹……86
20 **長椎栲的慈悲——栲樹**……88
21 異形的守護神……108
22 令人著迷的雄姿……110
23 然後，留下了栲樹……112
24 **野之大神——櫸樹**……114
25 展現生死極致的野之大神……130
26 具有不尋常典故傳承的靈木……132
27 自巨樹懷中湧出的生命之泉……134
28 在參道後方等待的神域主人……136

第二章

走不完的神木之旅

29 難波的世界樹……140
30 近江的廢村與聖樹……155
31 隱岐，島後的怪樹……166

第三章 見到此等大樹

第一章

如何成為神木

樟樹好遮蔭——楠／樟*

宇美八幡宮的樟樹（福岡縣宇美町）、川古的大楠（佐賀縣武雄市）

寂心大人的樟樹（熊本市北區）、蒲生的樟（鹿兒島縣始良市）

No.1

聖母為什麼選這個地方？

日本也有聖母，古人認為她產下神之子。

聖母的名字叫做神功皇后，神之子便是指應神天皇。另外，聖母在日文中念成「shoumo」，以前人們尊她為聖母大菩薩，祭拜奉祀，另尊奉應神天皇為八幡大神（八幡大菩薩），將他視為日本的守護神。

此外，專家（井上光貞）認為應神天皇是「第一位可證實確實存在的天皇」，若是如此，也許人們對他的誕生地另眼相看也可以想見。

地點在福岡縣宇美町宇美八幡宮坐落的樟樹森林。

雖然它不怎麼有名，但這不過是東京人的觀點，對九州的人來說，它是座以保佑生產育兒而聞名的神宮，「宇美」之名也是來自於「生產」。

說到神功皇后，她便是《古事記》和《日本書紀》中隨著丈夫仲哀天皇征伐九州熊襲，遠赴北九州，卻因天皇遽逝而代夫討伐熊襲，並且乘勝追擊，留下了攻入朝鮮新羅，降服大半個朝鮮半島「戰功」的皇后。

而且根據傳承，皇后在征伐途中得知自己有孕在身，在腹部捆上「鎮石」延後生產，來

宇美八幡宮院內的聖母子像（照片右側）與子安之石，祈求順產的孕婦，會帶一塊石頭回家，平安生產後，在新石頭寫上孩子的姓名放回原處供奉，祈求孩子健康成長。

*：日文的樟樹多表記為楠樹，視為同一樹種，不同於中文中的楠樹，因此本書中除名稱外，盡量以樟樹稱之。

到宇美這個地方才生下皇子。

「神功皇后從新羅返回之後，在香椎宮東南的蚊田之邑設置產房，閉門不出。產房旁有一棵枝葉繁茂的樟樹，她便在樹蔭下為新生兒洗澡。（現在）這棵樹茂密茁壯，光華燦爛的開枝散葉。後來將它命名為湯蓋之森，吊掛皇子襁褓的樹叫做衣掛之森。」（引自江戶時代前期貝原好古著之《八幡本紀》，現代文譯）

女皇神功皇后選定作為產下神聖皇子的「蚊田之森」（宇美八幡宮的院內）現在生長了三十五棵繁茂的大樟樹，包括概括指定為縣文化財的二十五棵樟樹，和國家指定的天然紀念物「湯蓋之森」與「衣掛之森」。

其中最值得一看的是以一棵樹獲森林之名的兩棵大樟樹。

首先是聳立在本社拜殿旁的湯蓋之森，樹圍十五公尺的穩重主幹上，可見縱橫躍動的枝杈，姿態變化多端，視觀看的角度而定。我數度佇立，繞著樹來回瞻仰時，有一家三代同堂參拜完後，拜託我幫他們拍照留念。詢問之下，原來他們每一代都會在樹下拍照。

另一棵衣掛之森卻大不相同，老樹的蒼勁令我大為震懾，一時難以動彈。

附近有座湯方社（殿）是祭祀產婆之神的小神社，社旁堆積著無數「子安之石」，此乃源於皇后「腹鎮石」，也是信眾祈求順產的證明，一側的井稱為「產湯之水」，兩者都像是倚附在衣掛之森的樹蔭下，受人祭拜。

突然間，一陣喧譁聲傳來，原來是隔壁幼稚園的一群兒童。架起腳架的攝影作業不得不暫時中斷，隨著打招呼的聲音展開笑臉虛應過去。

就在這時，驀然間有種感覺，化解了我的疑問：「皇后為什麼要選擇這個地點生產？」

樟樹好遮蔭——樟樹森林原來就是誕育生命，受到祝福的森林啊。

宇美八幡宮的標誌樹之一「湯蓋之森」（國家指定天然記念物），樹圍十五．七公尺，根部附近小鳥居後面的樹紋，看起來很像人臉。

樹相引人遐思

這裡容我稍微談談家中的尊長，我的外祖父名為九州男，讀音為「kusuo」，九州與樟樹同音的讀法雖然只是偶然，不過，九州事實上就是「樟樹欣欣向榮之國（州）」。

調查日本樟樹的分布地圖，除了山區之外，幾乎遍布九州全境。此外也生長在四國沿岸一帶與紀伊半島、東海、伊豆半島、相模灣沿岸一帶、外房等地，不過只限於沿岸地區中央比較狹長的地帶，約有八成的樟樹都集中在九州。

此外再看看巨大樟樹的排行榜，前十名中有八名都在九州，而且大多在寺社境內，可以說因為長在寺社內才能留存下來。但是像宇美八幡宮或太宰府天滿宮的園林（境內林），不得不認為會不會是人們選擇了樟樹林生長的地方，作為祭神的地點呢。

九州也少不了樟樹的傳說。

大分縣中西部，玖珠郡玖珠町的象徵——伐株山，最大的特徵便是布丁狀的外形，宛如山巒從腰部橫向切斷一般。根據奈良時代的《豐後國風土記》，玖珠郡的地名源自於過去此地生長的巨大樟樹，因為樹蔭遮天，居民苦於曬不到陽光，因而將它砍倒，只剩下樹墩，所以才叫做伐株山。

而佐賀縣的縣名據說來自從前的佐嘉郡，前述奈良時代的《豐後國風土記》記載著這樣的緣由。

「古代，本郡某村長了一棵茂密的大樟樹，旭日的樹影可達杵島郡蒲川山，夕陽的樹影可達養父郡草橫山，巡幸當地的日本武尊見其樹枝繁葉茂，便說『不如將此國稱為榮（saka）之國吧』。後來榮字改為佐嘉。」（現代文譯）

「衣掛之森」正前方樹洞前建有鳥居，成為膜拜處。

（右頁）「衣掛之森」（國家指定天然記念物），樹相宛如新舊兩棵大樟樹合抱。目視的樹圍有二十公尺，樹高二十公尺，據神社推測樹齡兩千年。

這裡提到的兩座山都沒有具體指定地點，無法判斷大樟樹在何處，不過佐賀縣內有三棵巨樹列入前述的排行榜前二十大，三棵都在武雄市。

其中之一是「武雄的大楠」（排名第五，見二二七頁），而「川古的大楠」則以更大樹圍取勝（排名第三）。

樹枝生長在巨大的鐘形樹塊上——是我對川古大楠的第一印象。

樹幹並沒有高聳入雲，而是泰山壓頂般端坐在此。雨勢越來越大，站在名產店屋簷下，從樹的東南側仰望大樟木，巨大的樹幹朝著西南方正襟危坐，看起來像弓身前傾的樣子，西南側的大樹瘤則像誰的側臉。

老樹偶爾會呈現出引人遐思的樹相，不過試圖去探究其中的意思並無意義。然而，對平日便親近、仰望這棵樹的人而言未必如此。滋潤盆地的川古川呈和緩的V字形，而這棵大樟樹就在彎道的內側，聳立在村落中心，是棵象徵樹，推測樹齡應有三千年。

這麼大的巨樹絕非等閒之輩。

樹旁有座觀音堂，祭祀著約兩公尺高的觀音木像。一旁的說明書寫「幹雕觀音立像」，也就是說這座觀音菩薩的立像是直接從這棵樹西南側的樹幹刻出來的。

明治初年實施廢佛毀釋*之際，削去了菩薩的臉部，卻發現了嵌在臉部內側的銅造如意輪觀音坐像（高四公分，該尊小佛像也安置在堂內），小佛像很可能與發願信眾極有淵源，嵌在佛像的內部，或許含有樹幹佛像有其靈魂的意涵吧。

幹雕佛像傳說是奈良時代的行基菩薩刻製而成，在昭和時期以前，都還保留在樹幹上，後來佛像周圍的樹皮枯死剝落，因而修建觀音堂來供奉。面部被毀，在風吹雨打中，木像逐漸模糊不清，著實令人心疼，但是這卻是告訴後人，大樟樹曾與觀音信仰結合最寶貴的證明。

（左頁）「川古的大楠」（國家指定天然記念物），樹圍二十一公尺，樹高二十五公尺，近年已將周邊整建為公園，在樹醫看護下樹已恢復健康。

*：明治政府成立後為尊奉天皇，因而鼓吹神道教，壓制佛教，下令將佛教寺院、神像、經卷等燒掉、丟棄。

（上圖）從西南側仰望，有個從正前方開口的洞，內部現在供奉了稻荷社。

（右圖）「幹雕觀音立像」（像高二〇一公分）安奉在建於「大楠」旁的觀音堂。它是直接在樟樹樹幹鑿刻而成，明治初年廢佛毀釋時被削去臉部，昭和六十年自樹幹挖出。（下）以前嵌在觀音像臉部內側的銅造如意輪觀音像（像高四公分）。（照片提供：武雄市教育委員會）

建造的原委雖然不得而知，但是從信仰的脈絡來看，古人很可能認為這棵大樟樹本就具有神性，因而化成觀音菩薩的身形展現出來吧，以歷史的觀點，那尊內藏佛像（如意輪觀音坐像）應該不是行基的時代就有的，但「川古大楠」自古就是「觀音大士的樹」這一點準沒錯。這麼一想，弓著身前傾的姿態，看起來就像是對參拜者慈悲以待的表現。

全心全意信靠大樟樹

話雖如此，人們崇拜樹木並不是在比擬為神佛後才開始，而是感應到寄住在樹木本身的某種靈性。「崇拜」這個詞，好像是特別的宗教行為，但是它也包含了與樹木親近對話，偶爾向樹木訴說、祈求心中的願望等行為。

但是，並不是任何一棵樹都能成為祈求的對象。

我記得以前NHK的紀錄片節目跟拍某位高齡老婦，她每天會去位於熊本市北區的「寂心大人之樟」拜拜。她丈夫已先離世，孩子們各自成家，平時獨自生活。每天的食衣住行並沒有太大障礙，但是她一星期每天都會自己開著車，到這棵樹所在地報到。

「寂心大人之樟」受歡迎的程度，在全國的大樹中數一數二。它的大小自然不在話下，最大的特色是寬闊張開的樹冠與整體的均衡，以及樹枝寬幅與樹根寬幅的氣勢，欣欣向榮、不見衰頹的姿態，真可說無可挑剔。周圍已整建成公園，沒有樹木或建築遮擋，可以三百六十度仰望，這一點尤其獲得高分。

樹的名字源自於戰國時代的武將鹿子木親員的法名「寂心」。

鹿子木親員建限本城，以城主之姿大展身手，後來成為熊本標誌的熊本城原型。親員與豐後（大分縣）的大友氏結盟，一方面致力調停領主間的紛爭，同時也因營建修築社寺而享有名聲，人們讚譽他為「肥後國的大腕」，法號寂心的親員過世後便葬在這棵大樟樹下。

人們一直保留著這棵樟樹，沒有砍伐，也許是寂心大人的遺德使然，不久，樹幹包圍了墓碑繼續生長。於是生長環境和人們來此憑弔的心意相輔相成，形成了今日的樹相，如今招徠了更多人來到樹下。

可能因為樹不在社寺之內，所以不太有關於這棵樹如何靈驗和保佑的傳說。相反的，倒是有「聽說孩子們爬上樹也不曾受傷，所以又叫『孩子之神』」（維基百科）等令人莞爾的小故事。

怎會有如此親切怡然的氛圍？在一貫「不准砍伐」的禁忌或詛咒的神木傳承中，它也許是個例外，但是，這剛好也展現出「巨樹力」的另一面，屬於巨樹的恩典。只要來到這棵樹下，任何錯誤都會得到饒恕，可以袒開心胸的信靠它——前面提到的老婦影象便已揭示，這棵樹是以這種形式招致信眾的皈依。

它之所以能帶給人們安心感和信賴感，全是因為這棵樹具備了理想的形式吧。粗大錯節的樹根強力的抓住大地，樹幹隨著上升之勢，也不斷的向四方擴展，完全遮蔽了樹下。這種姿態正好符合了人類「世界樹（宇宙樹）」或「生命之樹」的普遍中心思想。

正因為如此，才會「樟樹好遮蔭」啊。

（左頁）「寂心大人的樟樹」（縣指定天然記念物），樹圍十三．三公尺，樹高三十公尺。據解說牌所述，推測樹齡約八百年，樹冠達五十公尺。

大樟樹編織的故事

九州樟樹之旅的終點，是鹿兒島縣始良市蒲生町的「蒲生大樟」。

從九州新幹線的川內站搭乘往鹿兒島機場的快速巴士，在蒲生支所前下車，於附近的物產館躲雨的時候，一張老舊的大照片吸引了我的目光。

上面寫著：「大正三年一月，櫻島火山爆發時避難民眾的記念照」，照片裡擠滿了男女老幼約兩百人，斜後方有一棵小山般高的巨樹。我想他們絕不是刻意跑到大樟樹下避難，但是大樟樹如同保護者般巍然聳立，擁抱著看似小孩的避難者。

它是蒲生八幡神社的神木，地方上叫它「大樟樹殿下」。

不管怎麼說，它是日本最大的巨樹，根據一九八八年環境廳（當時）的「巨樹・巨木林調查」，這棵樹自地面高一・三公尺處的樹圍有二四・二二公尺，因而認定是同等巨樹中的第一名。始良市的官網記載，過去用填土將它埋入地下兩公尺多，所以根系（三三・五七公尺）應該比現在更大。

官網上給予高格調的頌讚：

「自天而下，大地覺醒，啜飲雨露，擁抱太陽，雖拔地高展，仍深扎土壤，如此悠然屹立之大樹鼓動，超越恆久時空。」（筆者斷句）

實際上，越是走近越感到它的雄偉，從廣大根系蓬勃竄升的樹幹，充分展現巨大生物的存在感。面對此樹，心裡很自然的會湧出某種感受。

有人發出無意義的呻吟聲，有人不知原因的掉下眼淚，有人佇足不前，當地始良市的宣

（右頁）「寂心大人的樟樹」根部，樟樹根部供奉的石碑（墓碑）和石祠堂像被樹根環抱，成為參拜重點（上）。樹冠形成寬廣的樹蔭空間（下）。
（左）大正三年（一九一四）櫻島火山爆發，當時始良村集體避難的村民記念照。背後聳立的大樟樹看起來就像擁抱著他們。（照片提供：始良市教育委員會）

傳片歌頌道：「給你滿滿的元氣，讓你忘了枴杖。」

既然是這麼「不尋常的樹」，出現傳說也不足為奇了。

依據地方上傳說創作的童話「大樟樹與巨蛇」是這麼說的。

*

不知道什麼時候，這棵大樟樹出現了一個洞，從裡面散放濕暖的風，「近來，大樟殿下好像病懨懨呢。」村人們憂心忡忡的說。

某個早年，一個姑娘想做和紙，拿著構樹皮打算到河邊去浸水，她走到從來不曾乾涸的河水深處，卻從此消失了蹤影。村民擔心的看著深潭，這時一個年輕人把刀銜在嘴邊跳進深水，水底有個洞，洞的底端有條大蛇盤據，年輕人跳進大蛇的嘴，在牠的肚子裡發現了姑娘。年輕人使盡全力剖開大蛇的肚子，一陣雷光石火和地鳴中，大蛇消失無蹤。

不久後，村人在大樟樹的根部發現怔怔呆立的姑娘，後來大樟樹也恢復了健康，長出茂密的綠葉。（作者抄譯）

*

這個故事的重點在於大樟樹幹上有個空洞，裡面住了一條大蛇，而樹洞連接到遠處的深水潭底。

巨大樟樹裡住著蛇的故事並不罕見，但是將蛇與掌管水界的龍神（龍蛇神）結合，把它描寫成怪物，倒是頗富深趣。可能這樣才符合大樟樹「不尋常」的格局吧。若再深入細讀，也可把大蛇解讀為掌握村民生殺大權的古代大神化身。但是，大蛇卻被突然冒出來的年輕人

從西側看到的「蒲生大樟」，周圍設置了迴廊，可將樹環繞一圈瞻仰。樹皮上刻出無數的樹瘤和皺褶，呈現出生物般的風貌。樹幹北半邊滿布苔蘚。

殺了，這個年輕人來歷不明，很可能暗示著他是蒲生八幡神社祭祀的八幡神（若宮），如果深究該神社的淵源，保安四年（一一二三），大隅國蒲生家的舜清進入該地成為第一代領主，他向豐前國（大分縣）的宇佐八幡宮迎來主神，創建正八幡若宮，那時候，「蒲生的大樟」已經被奉祀為神木了。也就是說，前面的傳說可以視為舊神超越新神的故事。

總而言之，大樟樹留下沒有主子的空洞。

有趣的是，樹幹西南側設了一扇木門，這裡是個名副其實的出入口，裡面是個四坪大的空間。據進去的人說，大約可容納十幾個人入內，似乎是以角材呈井字形架高補強過，另外有很高的「天井」，呈煙囪狀，可以沿梯子爬上去。上方有個像小窗般的開口。（參考《楠》，矢野憲一、矢野高陽著）

樟楠的巨樹大多會形成同樣的空洞，木芯部分結束了生長相關的功能後，不知何故腐朽，因此無法避免的形成空洞。即使如此，它還是靠著剩餘的木質部分維持生命，以鋪展的樹形和強健的根支持它的巨大身軀。

此外，九州由於地理因素，經常受到颱風侵襲，所以枝葉常會被吹得七零八落，它和「寂心大人的樟樹」相比，枝葉的確比較細，但是據說那是因為它自行掉落枝葉以減少抵抗，保護主幹存留下來的自衛行為（參考前述引用書籍）。

於是，日本最大的巨樹經歷了一千五百年的歲月，依然保住了命脈。這種精神宛如會呼吸的家。宿主雖然不在，但是大樟樹的樹靈以母親般的包容力，一再吸引人們，並且打動他們的心。

（下頁）蒲生八幡神社與「蒲生大樟」（國家指定特別天然記念物）。屹立在社殿西側的大樟樹，樹圍二十四．二公尺，樹高約三十公尺，根部範圍三十三．五公尺，「其壯觀程度，有如怪鳥從天而降的氣勢」（神社官網）。推測樹齡約一千六百年（同上官網）。

蒲生のクス
昭和二十七年三月二十九日 指定

「上谷的大樟樹」（縣指定天然記念物）的全景。適合西日本溫暖氣候的樟樹，竟然能在關東的山谷間，長成樹圍十五公尺，樹高三十公尺的巨樹，也許是個奇蹟。在木棧道上較低處供奉了神壇。它應是留傳多代的家族守護神吧。

參拜道的地標

上谷的大樟樹（埼玉縣越生町）

從賞梅名勝越生，翻過一座山到達古剎慈光寺，有條古老的巡禮道。走上這條跨越隘口的路，不久變成了陡坡，最後到達一處山坳裡的村落。

抬頭一看，坡面上一棵巨樹張開手掌般屹立著，它的樹幹在根部附近分成兩枝（或者是兩枝合體），從兩者分出的樹枝各自如同大樹般伸展，形成廣闊的樹冠。江戶時代從武藏、松山城下（如今的吉見町）有一家族遷來此地，目前還住在大樹旁，據第九代的町田先生說，祖先遷來時大樟樹就已經存在，據說是代表本地名樹的「慈光七樹」之一。

從前到慈光寺參拜的人一定也會到這棵樹下休息，欣賞眼下的山景吧。隘口的地標仍舊是老當益壯。

（左頁）木棧道有點欠缺風雅，不過多虧了它才能正面瞻仰大樟樹。前來參觀關東第一巨樹的人們，大家都不設防的仰頭看樹，發出讚嘆聲。

No.2

（左）從西南側瞻仰的「明神之楠」，說到青面金剛是江戶時代民間流行的庚申信仰的主神。由於樹長在社前，所以讓人聯想到驅邪的意涵。

（右）背向「明神之楠」的五所神社。它的院內也聳立著樟科神木（樹圍八．二公尺，樹高三十六公尺），和大銀杏樹（樹圍八．八公尺，樹高二十五公尺）。

參與歷史一頁的神楠

明神之楠（神奈川縣湯河原町）

神木給人鮮明的印象，光是這印象就能讓人發思古之幽情，想像神社的淵源。湯河原的五所神社從歷史上浮出檯面是在平安時代後期，該社的社家*荒井刑部實繼受神靈護持，屢建戰功，後來領有此地的土肥實平投到源賴朝麾下，舉兵時在該神社前舉行盛大的護摩焚燒儀式，祈求戰勝。

神社前有一棵大樟樹，據說樹齡有八百年以上（與實平的時代相合），這棵樟樹已失去主幹的上半部，木芯呈中空狀，裡面收藏了夜叉（青面金剛）石像，門口設了紅色的小鳥居，信仰的派系雖然不明，但是神木似乎符合了該地的氛圍，誇耀著它的存在。

（左頁）解說牌上寫「樹根範圍十五．六公尺」，因為根部極端肥大的關係，所以沒有標示平時常見的樹圍，如果按照它的樹圍，無法傳達出它的氣魄吧。

No.3

*：歷代世襲祭祀某特家神社的氏族。

クスノキ
くすのき
根回り15.6M
樹令 800年以上
湯河原町指定文化財 史跡 明

「生木的地藏菩薩」。像高約一．五公尺。特徵是鳳眼和大耳。樹洞必須定期削去洞緣，保持「窗」的存在，否則樹皮會將洞整個堵住。

與地藏尊一起活在墓園的大樟樹

生木的地藏樟樹（香川縣觀音寺市）

有一棵大樟樹在樹下環抱著無數的墓碑，走入連接樹木而建的祠堂，從正前方玻璃牆的圓洞看得到樟樹的木紋，鑿穿的木洞裡收藏著「生木地藏菩薩」，顧名思義，它是刻在活木上（刻鑿）的佛像，所以腳邊與樹本身合為一體。

發願塑像的森安利左衛門，為祈求獨生女病體痊癒，走遍了八十八箇所靈場*，受伊予正善寺的生木地藏（後來枯死）所感動，因而倣傚刻造。傳說墓園的大樟樹原來會從地裡吸取靈魂，若是砍掉則會出血，民眾將它視為靈木勤加祭拜，由於樹中出現地藏菩薩，因而祂成為保佑長壽的菩薩，廣受民眾信仰。

*：日本四國境內與弘法大師有淵源的八十八個寺院，巡拜這八十八箇所，稱為四國遍路或四國巡禮，靈場多指寺院、神社、墓園等信仰聖地。

No.4

（上）長在墓園的「生木地藏樟樹」，樹圍七．八五公尺，樹高二十六公尺，樹冠南北達四十五．五公尺，如同雨傘遮蔽了整個墓園。
（左）「生木地藏堂」建在大樟樹旁，好像把它揹起來般。神社由大樟樹的主殿與相連的幣殿和拜殿（祠堂）組成。每個月特定的日子會舉行法會，參拜者從觀音寺市內外前來。

「打越的天神樟」彷彿從斜坡上俯瞰村落，從樹旁的上坡口爬上去，即會看到參拜所，前面用注連繩圍住，整理成井井有條的祀神場所。

神木信仰最純粹的景象

打越的天神樟（熊本縣宇土市）

在我神木巡禮到一半時才發現熊本縣將信仰的巨樹稱為「天神大人」，並且有祭祀的風俗。這些巨樹大多是樟木，但也有其他樹種。為什麼會叫它「天神」，不得而知，不過，就特徵來說，多數的「天神大人」在樹根處沒有設置神社或祠堂，純粹只是膜拜樹木本身。也許它一直停留在神木祭祀最簡單古樸的形式。

「打越的天神樟」便是其中的典型，其實，宇土市同一個町內還有一棵比這棵更有名的樟樹（栗崎的天神樟）。我前往參拜，後來才愕然發現搞錯了。重新看了照片才恍然大悟。我想應該沒有任何景觀像它這麼純粹的表現神木信仰了。

No.5

（上）「打越的天神樟」以石製瑞垣圍住，設置了一對石燈籠，看得出他們將空蕩蕩的樹洞當成神座祀拜。
（左）走上村落的坡道，盡頭就是「天神樟」，給人高舉雙手直逼而來的印象。

（右）祭祀「天神樟」的聖域。地方人士將它視為上本庄地區的氏神，虔誠祭拜。十一月二十五日的例行祭典，全區會總動員舉行。
（下）從拜殿瞻仰的「天神樟」幾乎占滿整個正面的寬度。

一樹成爲守護之森的「天神大人」

郡浦的天神樟（熊本縣宇城市）

從「打越的天神樟」朝著宇土半島往西走，從舊三角町的村子往裡走，走進隧道「參道」的盡頭，還有另一尊「天神大人」。聖域以石垣圍繞，並且設置了宏偉的拜殿，而其後方的「主殿」是一棵巨大的樟樹。

縣府的資料上寫著「明治二五年前後，蒙大宰府天滿宮贈旗，成為眾人信命的學問之神」，述說著它與大宰府主神菅原道真的關聯，以前應該是以一樹成為守護之森的「天神大人」。老樟樹常見的主幹空洞，約有三坪大的面積，遭逢火災和颱風屢屢造成損傷，但之後又恢復健康，展現今日雄偉的面貌。

（左頁）「郡浦的天神樟」（縣指定天然記念物），早已喪失主幹，平成三年（一九九一）的颱風摧毀了最大的樹枝，但是樹圍十四．四公尺，依然是熊本縣內第一大，傲視群倫。樹高二十三公尺，根部範圍達三十．五公尺。

No.6

神祕的杉神木——杉

No.7

三峰神社的神木（埼玉縣秩父市）、高千穗神社的秩父杉（宮崎縣高千穗町）
霧島神宮的御神木（鹿兒島縣霧島市）等

「守氣」的人氣與神木的信仰

奧秩父的三峰神社坐落於標高約一一〇〇公尺的山中，它的神域果然別具特色。

從突出於大岩壁的平台狀奧宮遙拜殿，除了可欣賞令人屏息的美景外，也能仰望妙法岳（奧宮），接著鑽過「三峰山」金字的隨身門，走過稍微下坡的檜木森林，終於來到了社殿。沿著陡坡往上走，漸漸露出身影的神社委實令人瞠目結舌。金色醒目搭配的濃豔色彩裝飾暫時吸引了我們的目光，沒多久便發現社殿兩側巍然聳立著兩棵巨樹。

「神木」的解說牌是這麼寫的：

「神木散發的『氣』就是活力來源。」「參拜後，請深呼吸三次，向神木合十祈禱。」

香客們在杉樹神木前排隊，依照指示兩手合十祈禱。在三峰山，這是必然的參拜景象吧。順利完成「充電」的其中一人發出驚呼：「簡直像摸到了生物（而不是植物）。」

筆者是在十二月的非假日前往參拜，在這寒風凜冽的時期，從秩父站搭車要花一小時以上的奧秩父山裡，竟然有這麼多香客，令我大吃一驚，但是由於不久前，社方只在每個月一日分發「白色氣守」，所以眾香客們才會湧入山中，求取這塊護身符。

我之所以說「不久前」，是因為筆者參拜之後，自二〇一八年六月一日起，社方宣布暫

（兩張照片）三峰神社的拜殿前，屹立著左右一對杉樹神木。社方鋪設了木棧道，讓民眾可以觸摸到它。參拜者排著長隊。

三本宮内陣
開講参百参拾年記念
昭和六十二年五月十一日
東京九九講

停分發「白色氣守」，原因是他們判斷人數眾多，無法避免周邊道路大塞車的狀況（其他顏色的「氣守」還是照常分發）。

白色氣守突然間大受歡迎的原因，一是聽說某位名人求到一個，另外據說是「初一限定」的尊貴感。

但是，真的只有這個原因嗎？我認為肯定是江戶時代流傳至今的三峰靈驗信仰與古代傳承的「初一參拜」傳統習俗打下了基礎。說得更深一點，人們心中如同伏流般潛藏著對三峰神社靈驗的期待，滴水穿石的結果，才會造就出近年來人氣爆棚的現象吧。

但是，還有另一個重要因素，那就是「氣守」的「內容」。

依據神社的說明，「三峰神社坐落於奧秩父，域內古木環繞，充滿靈氣、神氣。」而且「為將這股『氣』分享給大家，因而分發了附有神木的護身符。」也就是說，守氣護身符人氣正夯的重點，在於該社靈氣依附在神木上，社方將一部分神木分靈封入符中。

換句話說，是神木的信仰支持了氣守的人氣。

*

神木到底是什麼？我重新思考這個問題。

簡言之，就是「人們視為神聖的樹木」，按一般印象指的是在神社域內，以注連繩圍住的樹，由於其中大多是巨樹或老樹，在院內年高德劭，所以才受到尊崇。

此外，聳立在神域入口作為結界的神木、因有傳說的淵源，或特別人物親手種植等緣分而被視為神聖的神木、兩木合體的夫妻樹等，人們有可能因為其形狀特殊，而傾向將它視為

三峰神社分發的「氣守」。
（提供照片者：三峰神社）

神木。

這兩點都沒有錯，試著參考維基百科的「神木」項，一開始就寫道：「神木指的是古神道中作為神籬的樹木或森林，亦指御神體。」

神籬這個詞在本書隨處可見，原本是指「有靈充滿的樹」，意思是「迎神時作為神臨時附身之物」。這裡所說的神籬，應該可以想像成在野外舉行破土等儀式時，豎立在祭典中心供奉神的楊桐樹就沒有錯了。總而言之，神木原本是讓「祭典」基礎——神靈附身的御神體。

另外，《民俗學辭典》（柳田國男主編）當中寫道：「由於現在祭典在社殿內舉行，所以神木的意義不明確。」繼而又說：「由此可知，以前神社並沒有聖地（場所）而是樹林，而且往往以一棵雄偉的大樹作為御神體，不使用社殿，而是直接向樹木舉行祭典。」（括號內為筆者補充）

原本神靈降臨在具特別淵源或顯著巨大的樹木，在日本人來說，是自古以來的「常識」，換句話說，應該這麼說——

神木並不是剛好生長在神社的院內，倒不如說因為有了神木才有神社，它的存在正是神社所在的證明——事實上有很多例子證明這個想法，神社越是有古老的淵源，越是符合這個理論。

三峰神社神木目光平視高度的樹皮，因為長年人手觸摸，散發光澤。觸摸神木行為的對錯，各神社看法兩極。

越見清晰的九州神木網

某位相熟的神社宮司告訴我「有一則報導很有意思」。

這篇剪下來的專欄刊載在熊本縣的宣傳雜誌，是由熊本縣林業研究、研修中心的家入龍二先生所寫的，標題「森林物語」的這篇報導，開頭寫道：「雖然不確定人們將樹木本身當作神，還是種植樹木，讓它成為神靈寄居的神木……」隨後的內容更加令人瞠目。

「熊本縣內的神木代表選手，有一杉木插枝品種名為『梅爾莎』，杉木十分長壽，大分縣、宮崎縣、鹿兒島縣，以及熊本縣的多座神社都有樹齡超過八百年的古木。

「以這些老樹為中心，對分布在四個縣的二十一處四十三棵梅爾莎進行ＤＮＡ鑑定，發現二十處（四十一棵）都是同樣的基因。總而言之，梅爾莎是從一棵樹以插枝（很可能）增殖，基因完全相同的『分身』集團。」

再說一次，在中九州到南九州四縣的廣大地域中，對神社神木的四十三棵杉樹進行ＤＮＡ鑑定，發現其中有百分之九十五，都是來自同一棵樹的複製樹。這一點該怎麼理解才好呢？

據家入先生所述，梅爾莎是九州地方本地杉樹品種，最早是折下枝葉直接插入土中種植而成。那些杉樹依地區分別叫做薩摩梅爾莎、肥後梅爾莎、青杉等，這些高齡木留在寺社裡，但根據前人的研究，推測這些樹應該是從少數天然杉樹中選出母株，擴大它的分布範圍。

因此，家入先生想用近年手法確立的「ＤＮＡ分析」，試著檢測理論的真實性。話雖如此，當初依他的預測「基因層級完全一致的可能性只有百分之五十」，這也難怪，因為八百年前那個時代，崇山峻嶺隔絕，欠缺跨越廣大地區的交通和傳達資訊的方法，單靠一棵母株真有可能形成神木的網絡嗎？

然而，結果正如前面所述，詳細的說明如下：

「這些分身樹所在的地方，有熊本縣小國町的阿彌陀杉、高森町草部吉見神社、水上村市房神社、天草市枦宇土、大分縣院內町藤群神社、中津江村（現今日田市）宮園神社、宮崎縣高千穗町天岩戶神社、同町高千穗神社、高原町狹野神社、椎葉村鶴富邸、鹿兒島隼人町（現今霧島市）鹿兒島神宮、霧島町（現今霧島市）霧島神宮等。」（引自〈森林物語〉，括號內為筆者補充。）

其中，推測樹齡在八百年和以上者，有阿彌陀杉、草部吉見神社的神木、市房神社參道的杉木、高千穗神社的秩父杉、霧島神宮的神木。筆者這次採訪了阿彌陀杉（見六十四頁），草部吉見神社等三社的神木，過去採訪參觀過，都留下了深刻印象，知道它們都來自同一株母樹，只有「驚訝」二字足以形容。

令人好奇的是，當初是什麼人，為了什麼目的種植呢？當時是否存在應可稱為神木網絡的概念呢？家入先生這麼說：

「為什麼是梅爾莎？可以想得到的原因有二，一是與其他的杉木相比，梅爾莎的壽命非常長；二是因為某種理由，人們把它視為崇高的樹。」

另外，梅爾莎杉的木心呈現鮮豔的紅色，樹齡越高，越會出現美麗的紋路，因而成為聞名遠近的名木。家入先生認為「遠古的先人就知道這回事」，實際上也廣泛栽植，不過既然不以採伐為目的，而是將它奉祀為神木，其中必然有尊其為聖，成為「崇高之木」的理由吧。

那麼，到底誰是這個思想的中心人物呢？

由於缺乏史料，已成了無法解開的謎，但是肯定是「八百多年前，某個懷有某個意念（強烈意志），增殖梅爾莎，以九州脊梁山脈為中心，遍植到神社等地」（〈森林物語〉）。

高聳杉樹林立的高千穗神社院內。此社為祀祭「高智保皇神」的古社，連古代正史中也有記載，坐落在天孫降臨神話的起源地，為高千穗鄉的總護持。

畠田重忠敬獻種植「秩父杉」

雖然沒有直接的紀錄，不過倒是有一份與神木歷史相關的史料保存下來，它與高千穗神社（宮崎縣高千穗町）的「秩父杉」有關聯。

高千穗神社位置在九州山區的山間盆地，在記紀神話*中天孫降臨（天照大神之孫瓊瓊杵尊一行自高天原降臨此地）等豐富傳說傳承的神話之鄉，祭祀諸神的總社。院內林木蒼鬱，即使在白天神域仍顯陰暗，而聳立在中心軸上的正是神木秩父杉。

在該神社的古書卷中有一段文字，道出秩父杉之名的由來。

「文治四年（一一八八）壬四月，天下之代表秩父大人參拜十社大明神（高千穗神社）。」「秩父大人」指的是秩父地方官畠山重忠。這一年，重忠代表在源平合戰（治承、壽永之亂）中獲勝的源氏大將源賴朝，前來該社參拜，並留下紀錄。傳說重忠親手栽下杉木，這就是秩父杉之名的由來。

「該社的社寶中有鎌倉時代的鐵造狛犬（國家指定重要文化財），這應該也是重忠公有辦法召集武藏國鑄造技師，因而得以敬奉。」（後藤俊彥宮司）

說到一一八八年，天皇下詔（一一八五年），允許源賴朝對守護、地頭的任命，不過，那時候他還未受命為征夷大將軍。後來，鎌倉幕府派了許多隨從到平氏過去勢力所及的九州，治理該地。重忠即是派遣九州的先驅，大多含有視察的意義吧。

但是，就筆者所知，重忠在九州的足跡只留下高千穗神社參拜。當時重忠在鎌倉周邊忙於公務，很難想像他能長時間滯留九州。這麼說來，他應該是如社傳所述，為了「祈求天下太平」才刻意到該社參拜。而秩父杉便是他種下作為祈願的證明。

（右頁）聳立在高千穗神社社殿前方的「秩父杉」。樹圍七．二公尺（引用自〈宮崎的巨樹百選〉，樹高五十五公尺，相對來說特別高聳。據解說牌資料，推測樹齡是掰百年。

畠山重忠像。描寫《源平盛衰記》中他在一之谷戰役背馬跑下山崗的著名場面（畠山重忠公史跡公園）。

*：即記載日本古代歷史的《古事記》和《日本書紀》。

另一個說法認為，神木的幼木是從秩父之地帶過來的，所以才冠上秩父的名字，但是後藤宮司對這個看法不表同意。

「因為它不是（在九州）從種子發芽，所以很可能是重忠公折下院內的杉樹枝栽種的吧。在神域種樹，必須對那塊土地表示敬意後再舉行，可能是當時的慣例吧。」

透過神木結下神緣

之後，我又打電話給家入先生，採訪他有關神木梅爾莎的起源。期間有過這樣的對話。

「如果秩父也有杉木老樹的話，我想去調查一次看看。」

「這麼說來，以前我去採訪過奧秩父三峰神社的杉樹神木呢。」

掛了電話之後，我隨意的在網上查索三峰神社的神木時，卻發現了這樣的文章：「三峰神木別名『重忠杉』，傳說是畠山重忠公捐贈，樹齡推測有八百年。」

這是怎麼回事？儘管筆者採訪該神社，還在雜誌的報導上撰寫了有關該神木的事，卻沒有注意到這一點啊。

趕緊查了資料，在昭和十三年（一九三八）出版的《參拜神社》（埼玉縣觀光叢書第1輯）的〈縣社三峰神社〉一項中，找到了這樣的記述。

「第八一代安德天皇的養和元年（一一八一），秩父地方官畠田重忠有許願一節，敬奉許願文（如今為祕藏社寶）懇切求神之時，神明顯靈，重忠感激惶恐，不知如何是好，便於建久六年（一一九五），東自薄鄉（現今的小鹿野町兩神一帶），西邊以甲斐的隔山（隔開甲斐國的山）為界，捐獻方面十里之地，為守護不入之地。此後東國武士信仰益盛，一山昌

（左頁）草部吉見神社（熊本縣高森町）的神木。樹圍七．七公尺，樹高四十五公尺。傳說它的樹齡有八百年或更老，是九州神木梅爾莎之一。該社的祭神日子八井命是神武天皇之子，傳說他自高千穗來，定皇居於此。

隆至極。」（西曆等為筆者補充）

與前面的高千穗神社紀錄對照，按照時間順序排列如下：

養和元年（一一八一），重忠到三峰神社許願。

文治四年（一一八八），重忠參拜高千穗神社。

建久六年（一一九五），重忠捐贈土地給三峰神社，作為還願的謝禮。

雖然只能找到這些事實紀錄，不過如果用神緣的脈絡連結的話，重忠到三峰神社許願，連結到高千穗神社的參拜，後來捐地給三峰神社，作為許願應驗的謝禮。前述的手植（敬奉）的杉樹神木，便可算是這裡提到的神緣證明。

順道一提，重忠在養和元年與文治四年兩次的立場不同，所以許願的內容也應不同吧。此處沒有太多篇幅詳述歷史，不過養和元年的前一年，重忠以秩父平氏（屬於平家家系）一族，投入源賴朝麾下，剛成為賴朝的家臣。但到了文治四年，經歷過壇之浦戰役（一一八五），重忠已成為賴朝倚重的親信。而且第二年（一一八九）重忠在奧州戰役打頭陣，滅了奧州藤原家族。

這段期間，重忠由於清廉高尚的人格與英勇的戰績，名揚四海，成為「坂東武士之借鑑」。但是在養和元年那時，他的命運將會如何轉折仍然不明，所以當時向神靈許的願，一定更為懇切吧。

如果是在那個時期種下杉木神樹，它會帶著什麼樣的意涵呢？

京都伏見稻荷大社相傳有一種祈願的信仰，叫做「驗之杉」。意思是「參拜者折下院內的杉樹樹枝，帶回之後如果久不枯死，就表示願望會成真」。

這種想法與重忠植樹可能有共通之處吧？對祈願者來說，這棵樹不但是獻給祭神的禮物，

（右頁）草部吉見神社的神木。在巨大杉樹林立的院內，散發出獨特的存在感。

同時也是卜算神意，乞望神助「指示」的信物吧？

畠山重忠植樹的意義

令人好奇的是，三峰神社的杉樹與高千穗神社的杉樹是否系出同株，但是如果沒進行過DNA鑑定，什麼話都不好說。假設是出於一株，九州杉樹神木的根有可能出於秩父。此外，三峰神社植樹時間如果是建久六年（一一九五）的話，結果可能相反。

只不過，筆者左思右想之後，漸漸覺得不管DNA一致或不一致，畠山重忠在高千穗植的樹，應該具有更大的意義。

最大的關鍵在於高千穗神社文件裡所寫的那句話：「代表天下的秩父大人」。

所謂天下，即是「普天（遍及整個大地的天）之下」，也就是指全世界。我國從古墳時代開始就已使用這個詞，代表擁戴大王為領袖的領域，不過到了平安時代，這個概念似乎日漸淡薄。

不過，這個詞到了鎌倉時代，又再度復活。

人稱鎌倉幕府的成立為「草創天下」，從此之後，人們說到「天下就等於日本」的意思。所以，新領袖源賴朝的特使來訪，對平家勢力強大的九州來說，應該是很大的衝擊吧。而且，他的目的地是高千穗神社，這一點也很重要。此地傳說是天孫降臨的源起之地，該神社祭祀的是天照大神直系的瓊瓊杵尊、其子彥火火出見命、其孫鸕鷀草葺不合尊三代神與其配偶神（高千穗皇神），來此地參拜，將它視為統一天下的宣誓行為也不為怪。

我再重新查證前面種有八百年杉樹的神社，發現霧島神宮與市房神社的祭神，都是出見

三峰神社社前。這一對巨大杉樹，名叫「重忠杉」。

（左頁）市房神社坐落於熊本縣與宮崎縣分界的市房山西麓大約四合目附近，參道上矗立著約五十棵巨大杉樹。其中還有樹圍達十公尺，高五十公尺，樹齡約一千年的大樹。

命、瓊瓊杵尊與其妃神；草部吉見的祭神，是傳說從高千穗到此地來的日子八井命（神武天皇的第一皇子）。尤其是宮崎、鹿兒島兩地，前面列舉的其他神社，也幾乎都是祭祀天孫系神靈的神社。

附帶一提，霧島神宮與高千穗神社都是與天孫降臨神話有淵源的神社。神宮內聳立的神木，稱之為霧島杉（霧島梅爾莎），據說是南九州一帶杉樹的祖宗。最有趣的是，鎌倉時代，此地的領主是島津忠久（島津一族的祖先），他與畠山重忠同為源氏家臣，兩人交情甚篤，忠久娶了重忠之女，重忠擔任忠久的監護人。既然如此，應該可以想像忠久祈求神靈護守新領地，倣傚重忠的做法植杉為證吧。

另一個值得注意的地方是，據悉霧島神宮的社殿，是在神木種植之後，才在現有地興建。該神宮原先位於霧島山（又叫霧島連山，主峰是高千穗峰）的山麓，此山又被尊為神體山，不過由於火山連番爆發的影響，遭到火災洗禮，於文明十六年（一四八四）才又遷宮、重建。

總而言之，霧島神宮是在祭祀神木的地方重新興建奉祀。

至於前述〈森林物語〉一節中，有關九州神木網絡，雖然我寫了「難以解開的謎」，但似乎可微微見到端倪。

它未必是畠山重忠為了統治九州而類似深謀遠慮的行為，不如說，九州各地的修行僧或神人（侍奉社家的神職）偷偷折下有「天下」權威背景的神籬樹枝，帶回各自的宮廟種在土裡吧。有一會兒工夫，筆者想像著這樣的情景。

（左頁）霧島神宮的神木。樹圍七公尺，樹高三十三公尺，據解說牌的資料，推測樹齡為八百年。它叫做霧島杉，有人說是南九州一帶杉樹的祖宗。近年來，因為樹枝末端看起來像穿著禮服的人在參拜，而引起話題。

御神木
樹種 杉（
樹齢 約八
樹高 三十
幹囲 七・三m（胸高）
宿木
この御神木は霧島スギとも呼ば
南九州一番の杉の祖にあたる

神木的救贖

在此想介紹高千穗神社宮司後藤俊彥說的故事，作為本章的結論。

就從宮司說的這句話「秩父杉救了我兩次」來開始說起。

*

大約二十年前，有人來向我提起要在神社附近興建馬路的計畫。

那條路線將會穿越神社最重要的鎮守森林，在我來看，那是個只追求經濟效益，極為草率的計畫，身為神社的宮司實在難以接受。

但是，當我表示反對後，卻與公所和本地業者，也是信徒形成對立的場面，周圍的人完全孤立我。當時甚至鑽牛角尖的想，不如辭去宮司一職吧。

就在這時，剛好有個機會去京都的南座欣賞歌舞伎，而且正巧是「秩父（畠山）重忠」會出場的劇目（歌舞伎十八番名劇「景清」）。

出差回來的第二天早晨，我照例從家門口走上神社，向秩父杉膜拜，突然間陽光灑落，那一瞬間，彷彿從杉樹看到了飾演重忠公的演員身影，而且確實聽到「宮司加油！」的聲音。

另一次是在八年前，我遭遇長子遽逝的不幸。

我自己大受打擊，但是身為宮司，每天都有義務接待參拜者，而且家裡氣氛低迷，所以，只能強打起精神……。然而，每天一到黃昏，心情便沉鬱下來，獨處的時候，就像是沙漏的沙一點一點的減少，幾乎陷入憂鬱症的狀態。

渾渾噩噩的過了許久，兒子的冥誕到了。

一時不知該怎麼辦，不過，他還在五十天內（神道教中死者還在靈魂狀態），所以決定幫他慶祝。早上日課，向神靈念誦禱詞之後，我加入了自己的話。並非埋怨，而是感謝。

接著，當我走出社殿，聽到「倥」的聲音。雖然已經是十一月底，但是眼前看得到秩父杉的院內，卻是暖洋洋的如同春天一般。那一瞬間，我的悲傷、痛苦全都從腳邊散去的感覺，我知道自己心中充滿了力量。

*

對後藤宮司來說，秩父杉是神靈表達旨意與心意，傳遞給他的通訊方式。神木叫做「神的替身」，神靈表達的意思也叫做「神的意旨」，但是對神官來說，也許這些話語，並非玄幻虛無，而是極有真實感的訊息。

高千穗神社的拜殿。拜所旁有一對夫妻杉，也經常舉行結緣、育兒等的祈願活動。

社殿對面左側有兩棵並立的「大杉」（右圖），後面（上圖）的那棵大小略優，樹圍九．四公尺，樹高四十一公尺。近前的那棵樹圍八．四公尺，樹高三十九公尺。依解說牌資料，推測樹齡為一千年（縣指定天然記念物）。

鬼刀依附的大杉

巖鬼山神社的大杉（青森縣弘前市）

巖鬼山神社坐落在陸奧岩木山東北麓，為岩木山信仰的發祥本宮，也是「岩木山裏信仰」的聖地。

在蓊鬱森林環抱下，神社院中有兩棵醒目的大杉樹直竄天際。傳說岩木山西郊住著一位力大無窮的鍛造師，叫做鬼神太夫，他鍛造的一把刀，飛到該神社的杉樹上，事實上，社內也還保留著傳承多年的寶刀「鬼王丸」。

青森是自生杉樹的最北界線。

兩棵神木屹立於社殿對面的左側跟前和後面，尤其是跟前的那棵，與我們常見的杉樹神木風格略有不同。木皮嚴重翹起、枝節叢生的異相——那粗獷的風貌正適合作為鬼神的容身之地。真可謂「北限的鬼杉」。

（左頁）跟前的這棵樹皮風貌與後面那棵迥異，鬼神太夫的傳說提到寄於刀劍上的神靈附著在杉樹上，從這個前後關係也許是在述說製鐵技藝的傳布。

No.8

（上圖）「甕杉」底部的古碑群。除了在石頭上刻有佛的梵文標誌外，也可看到南無阿彌陀佛的名號和祈禱文，樣式十分獨特，在關東地方沒看過。
（右圖）樹的根部除了石碑群還有奉祀觀音像的小祠堂（左後方）。

聚集在巨杉下的亡靈

關之甕杉（青森縣深浦町）

「甕杉」矗立在 JR 五能線的北金澤站附近，可遠眺日本海的高台上。它的名字於樹形如同水甕倒扣的模樣，也有人說是「龜杉」或「神杉」的誤傳。雖然它有巨樹的風格，但又形成盆栽一般的典雅樹冠，在自生杉樹北方界線的土地上，美麗的跨足而立。

倚在樹木根部的古碑群有四十二座，從碑上的年號來看，大約是南北朝時代（一三三七—一三九二），當時在陸奥雄霸一方的安藤（本姓安倍）為供奉族內的死者，在此建立了供養塔。安藤家據說在這附近建立據點，後來在津輕半島的十三湊建設城郭城市，所以人稱「奥州十三湊日之本將軍」。那些追憶集結在此，附身在甕杉上，形成迥異的祈福場所。

（左頁）「關之甕杉」（縣指定天然記念物），樹圍八．二公尺，樹高三十公尺，附近有「北金澤的銀杏」和「折曾的銀杏」，因而成為巨樹神木之旅的人的聖地。

No.9

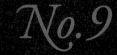

御岩神社全域圖。神社之名應是來自奉祀頂部大石的磐座信仰（神靈寄生於岩石上的信仰）。御岩山在山頂附近挖出繩文晚期的祭祀遺跡，在《常陸國風土記》中也有記載，它是歷史悠久的修驗靈場*。在山裡奉祀的神靈共有一八八座，至今還保留著神佛習合的遺跡。

不允許魔與不淨入內的守衛 No.10

御岩山的三本杉（茨城縣日立市）

視御岩山為神體山加以崇拜的御岩神社，近年來被讚譽為「日本等級最強的能量景點」。神域入口的仁王門前矗立著一棵「三枝杉」（原文為「三本杉」），樹如其名，是巨樹樹幹在離地三公尺處分叉成三枝的神木。

傳說中，這棵神木有天狗棲息，又說它不讓帶來災禍者通過，有時甚至威脅參拜者，因此民眾對它十分敬畏。也傳言若是剪下它的枝葉，或是點火燒炙，都會因而生病。這些都是假借使者天狗，來表現厭惡不淨、偶爾降罰的御岩山神格吧。樹形如同波塞頓或濕婆手持的三叉戟，的確像是阻擋魔頭入侵的守衛。

（左頁）「三枝杉」的樹圍八．一公尺，樹高三十五公尺（縣指定天然記念物）。據解說牌的說明，推測樹齡五百年。不確定樹形是從一支樹幹分叉開來，還是三棵樹合抱形成）。

*：修驗道為日本獨特的山岳信仰加入佛教成分的信仰，修行者為求悟道，閉關於山中進行嚴苛的修行，靈場則是神佛顯靈的場所，或神聖之地

鹿島神社與神木「佐久的大杉」（樹高二十公尺，樹圍八．八公尺，為縣指定天然記念物）。對著地圖往沒什麼特徵的村落前進時，來到一個小小的招牌，往箭頭的方向看去，便發現它巍然聳立於前方。

不同次元的歷史驀然出現

佐久的大杉（茨城縣石岡市）

這個景象帶著奇妙的突兀感，就像在一片住宅區中突然出現不同次元的歷史。

據解說牌的說明，這棵樹推測樹齡達一千三百年以上，現在，樹前樹立著「鹿島神社」的鳥居，雖然只有簡樸的拜殿倚在神木前，但是傳承中提到「此杉乃大化革新（六四五）時，大和朝廷派遣到此地的國司後裔親植」，傳說元祿十六年（一七〇四）迎接建御雷神靈，建鹿島神社時，它已是「超越千年之巨木」。從院內出土須惠器等古代禮器，所以此地肯定自古就是祭祀場所，只有這棵神木至今依然保留著所有的土地記憶。

（左頁）「大杉」的周圍設有迴廊，可以三百六十度瞻仰。從後面左側看時，宛如即將枯死的模樣，但從另一面（照片）卻又展現出老大樹的生命力與風格。

No.11

栃尾市教育委員会

「穗垂大神」的社與院內（上圖）。從神木信仰衍生的道祖神信仰帶來的信仰性景象令人瞠目（右圖為道祖神的石像）。「穗垂大神」的祭祀是為了這個村的子孫繁衍與五穀豐收，每年三月第二個星期天都會盛大舉行「穗垂祭」。

No.12

女杉呈男女擁抱之相

下來傳的大杉（新潟縣長岡市）

匾額上寫著「穗垂大神」的神社與窄小的院子，呈現出異樣的景觀。

右邊巨大神木（女杉）的樹根堆置了石造的陽具，左邊是一對長了青苔的男女道祖神。取得管理人的允許，打開神社門扉，裡面安放著陽具形的御神體，周圍裝飾了楊桐樹葉和御幣，並以注連繩*圍住。

以前，這裡有一對杉樹，稱為男杉與女杉，某年大水沖斷了連結村子內外的唯一橋梁，村民不得已，只好砍下男杉渡河。然而此後村子裡卻是意外頻傳。人們認為這一定是女杉失去男杉後降的災，所以在女杉前供奉了陽具石。而這就是「穗垂大神」的起源。聽人這麼一說，放置石陽具附近的女杉樹紋看起來有點像女人的陰部。

（右頁）「大杉」。樹圍八．三公尺，樹高三十一公尺，推測樹齡約八百年。從某個角度看起來，杉樹就像男女擁抱的姿態，您認為呢。

* 御幣：用白紙裁剪成細長條，紮成長串作為獻神的工具，又稱幣帛或幣束。注連繩：一般指隔開神域與外界所用的繩子。

二〇〇三年的颱風折損了根部附近的北側人樹枝，殘跡呈手掌的形狀，令人莞爾。好像在催促參觀者，「快看，好好欣賞眼下的溪谷之美吧。」

丹澤的孤傲之王

No.13

箒杉（神奈川縣山北町）

遇見一棵大杉，很想叫它丹澤之王。

據傳樹齡有二千年，樹下有座小神社，鳥居寫著熊野神社，自古以來只要有村落誕生，就會在適當的地點祭祀氏神*1，不過，設在這裡可以說是水到渠成吧。雖然是陡峻的山谷地，但是可以看出人們倚樹建屋，才形成村落。

神木有很豐富的守護成績，明治三十七年（一九〇四）的大火中，它如同盾牌保護村落未被燒盡。昭和四十七年（一九七二）的豪雨，它擋住土石流，阻止了滅村的危機。正因為「箒杉」如同村落的中流砥柱，所以現在還有幾戶居民留在本地。

（左頁）「箒杉」（國家指定天然記念物）。樹圍十二公尺，樹高四十五公尺，「箒」應該是取自村名寶木澤*2，當地從江戶時代就是名木材的產地，禁止私下採伐杉樹、檜木、欅木、樅樹、鐵杉、榧樹。

*1：指住在同一地區或集落的人們共同祭祀的神祇，而住在氏神周邊，信仰該神的人，稱為氏子。
*2：寶木的日文與箒同音

南側的大樹枝垂落，枝葉碰到地面，但是聽說在損傷之前就是如此了。原本是鄉間的獨立杉樹，但因為沒有遮擋，陽光直射，根部附近樹枝密生，形成蛋形的樹冠。

不屈不撓的餘生

阿彌陀杉（熊本縣小國町）

一九九九年九月二十四日，颱風十八號自熊本縣北部登陸，嚴重毀損了這棵名樹的樹勢，但是雖然失去了全樹的約三分之二，「阿彌陀杉」反而讓人憶起它的巨大，包含了缺損的部分，在在讓人感受殘餘基幹的宏偉。

過去，它度過了重重危機，明治三十五年（一九〇二），它被賣掉，幾乎就要遭到砍伐，但是當時北小國村與南小國村的財產組織募款，決定以三四〇日圓（相當於現在六八〇萬日圓）買下土地和其他物產，將它保存作為兩村之寶。戰後，它的傷痕日益明顯，於是幫它立支柱，修道路，除白蟻，換土，小心翼翼的保護它。

於是今日，大杉樹依然展現不屈不撓的生命樣貌，度過它的晚年。

No.14

（右頁）「阿彌陀杉」（國家指定天然記念物）主幹裂開，只留下南側的大樹枝，但是自損傷後歷經二十年，依然散發出獨一無二的存在感。最難能可貴的是，這棵樹目前還活著。

垂乳根的姥神──銀杏〔銀杏／公孫樹〕

No.15

北金澤的銀杏（青森縣深浦町）、高照寺的乳公孫樹（千葉縣勝浦市）等

一樹成密林的銀杏

「哎呀，這種時候您還專程來一趟啊。」

老太太招呼我說。

這是青森縣深浦町的「北金澤的銀杏」。從JR五能線北金澤站下車，走約十分鐘，便會來到那座「森林」。老太太說「這種時期」，大概是因為近年來黃葉時期（十一月中旬到下旬），觀光客湧入參加夜間點燈的行程，而現在還是綠葉，離那段時間尚早吧。拜此之賜，我才有機會單獨瞻仰這棵巨樹。

但是對第一次來參拜的人，這棵樹可算是相當強勁的對手。

它原本只有一棵樹嗎？常有人指著大樹說「一樹成林」，但這棵樹毋寧說「一樹成密林」比較正確。

撥開小樹枝與新芽纏集的草叢走近，樹幹和樹枝垂下無數銀杏特有的氣根和稱為乳根的東西，其中很多都沿著樹幹到達地面，以至於讓大樹的樹幹更加膨脹，表現出末端無限增殖的怪物姿態。……絞盡腦汁才能用言語形容一二。

招牌上寫著「日本最大的銀杏」，而且「在所有樹種中，其龐大感為日本最大」（宮誠而）。確實如此，我試著環繞一圈，走近又走遠，想為它拍照，但截取它的大小和強大效果

卻極為困難。最後只能頹然坐在神社「樹邊宮」前，從地面抬頭望著它發呆。

「這棵銀杏樹齡一千年以上，高度約三十一公尺，樹圍有二十二公尺，因為有許多垂下的乳根、乳垂，所以人們叫它『垂乳根的銀杏』，自古就將它當成神木崇拜信仰。」（引自解說牌）

與同在青森的「十二枝箍」（見一九六頁）不同，這裡似乎允許人們久居。

為什麼呢？也許正因為「垂乳根樹」接近民家，是人們長年親迎、祈願寄託的對象吧。

＊

「垂乳根」在和歌中是與「母親」相關的枕詞＊1。

而「垂乳根」的語義，顧名思義就是垂下的乳房，這個字指的是銀杏的氣根（乳根）吧。若是如此，隱約可以理解，無數的「垂乳」不禁讓人想起以「多乳」聞名的古羅馬阿爾忒彌斯（Artemis）像，既是多產和豐饒的象徵，也讓人聯想到廣闊無邊的母性。

但是，原本「垂乳根未必等於母親」。

「使用足乳根、垂乳根的漢字，從女人乳房下垂的意思，引申到母親，據說是後世所增添的解釋，在古今集中也曾用在母親上。現在則是把『垂乳根』作為母親、父母的枕詞。」（《短歌文法入門》）

枕詞這種東西，原本只不過是種符號，這個詞是用在歌會等的場子裡，念誦「垂乳根之～」讓聽者聯想到「母親（或父母）的歌」。但是就結論來說，「垂乳根」的語源仍然不詳。

而更令人驚訝的是，枕詞「垂乳根」出現的《萬葉集》時代＊2，銀杏根本還沒有傳到日本。

據東亞醫學史、本草史專家的說法，奈良時代到平安時代末期的文獻中，完全找不到任

「北金澤的銀杏」（國家指定天然記念物）。樹圍二十二公尺，樹高四十公尺（環境省值）。樹大的程度即使在日本各地的大銀杏中，也是獨占鰲頭。（次頁亦同）

＊1：和歌中冠於特定詞彙之前，作為修辭或是調整音節用，但與整體沒有太大的聯繫。

＊2：《萬葉集》收錄四世紀到八世紀的和歌，於七世紀後半到八世紀後半編輯密成。

何銀杏的相關詞句，認為鎌倉時代由禪僧傳來的根據也很薄弱，文獻上直到十五世紀前期的室町時代才確認了這種植物（茨城大學名譽教授真柳誠的論點）。

若是如此，「北金澤的銀杏」樹齡，再怎麼古老，也不會超過六百年才對。果真如此嗎？看到這棵樹時，實在很難接受。

銀杏原產於中國，但是，在日本石川縣能美郡的手取層*、北海道的煤炭層、岩手縣久慈市的地層中，都發現過「銀杏葉的化石」，所以學者也認為它自史前就存在於日本。化石銀杏的後代克服了氣候變動，適應下來，在這塊土地上延續生命——這種可能性未必不存在吧。

但假設真是如此，銀杏明明能結出這麼有用的果實，千百年來此地的人們卻渾然不知，這也太奇怪了吧。

說到人們對銀杏渾然不知，更令人驚訝的是，世人直到二十年前才認知這棵樹是「日本最大的銀杏」。

二〇〇三年，它被指定為深浦町的巨樹、古木，二〇〇四年被指定為國家天然記念物。雖然榮登日本最大，來得稍嫌太遲，但是原因竟然是因為測量失誤，在環境廳（當時）調查遺漏了它。後來是一九九九年《巨樹・巨木》（渡邊典博，山與溪谷社）一書中首度介紹它樹圍二十公尺，才驀然受到注目。

（右頁）從建於大銀杏旁的「樹邊宮」取景。後面還有個「禮拜堂」（上）。撥開叢生的幼芽嫩枝，走近樹幹，會看到一張供桌，告訴我們這裡以前是祭祀場所（下）。

*：涵括日本富山縣、石川縣、福井縣、岐阜縣的中生代侏儸紀中期到白堊紀前期地層，由於它分布在手取川流域，因而命名

授乳的可貴神木

但是，儘管本草學家忽視，環境廳（省）的公務員遺漏，但是對當地的人而言，他們一點也不在乎。

當然他們瞭若指掌。

「北金澤銀杏」所在之地，原本應該在社寺域內，現在也還有個小神社，在兩對並立的狛犬看守下受到民眾供奉。後方有座簡樸的建築，叫做「禮拜堂」，此外，大銀杏的周圍也建有幾座小祠。

解說牌上說，傳說中這裡是七世紀征討蝦夷的名將阿部比羅夫建立的神社遺址。當時就已種植了銀杏樹。到了南北朝時代，在這塊土地發展興旺的豪族（金井安倍家族）在這裡作為家廟的別院。

此後的歷史不得而知，不過長久以來，這塊地方一直保留作為祈禱場。

對女人來說，這棵銀杏是求乳靈驗的神木，因為靈驗而遠近馳名，還有人遠從秋田或北海道前來許願。

此外，「禮拜堂」寫建立於昭和六十年（一九八五），是當地婦女經營的「講」（民間信仰集團）的聚會閉關場地。現在因為成員年高老衰，已經處於解散狀態，但幾年前都還會定期集會，舉辦法會講經等活動。

在文部省的資料中有寫：「在氣根處供奉神酒和白米祈福的風俗，一直持續到昭和五〇年代。」（〈關於史跡等的指定等〉）供桌現在還靠在樹幹邊，恐怕至今仍有人偷偷祈禱吧。

向這棵樹祈求自己乳水豐沛，孩子健康長大，之後又會祈求孫兒誕生和全家平安，對婦女來說，真的沒有比這棵神木更值得信靠的對象。

時代輪轉，世事多變，但是，這棵巨大的銀杏一如往昔，垂下乳根，傾聽人們的祈願，實在是偉大的「姥姥神」。

「活化石」銀杏的降災

《萬葉集》中雖然有「垂乳根」的枕詞，但是找不到指稱銀杏的詞彙。不過，大伴家持的兩首長歌中，倒是吟誦了「知智乃實」（chichinomi，chichi在日文中亦為乳房的意思）這個詞，它既是指銀杏的果實，也是無花果或矮小天仙果的果實。

如果採前者之意，那「chichi的果實」必定是從「chichi的樹」結出來的，而這就是銀杏。不管這個邏輯通或不通，自古一直是以氣根、乳根（=乳）作為銀杏的代名詞。

巧的是，銀杏的氣根在英文中，也叫做chichi（乳）。

植物學者解釋，銀杏為雌雄異株，雄樹與雌樹都會出「乳」，但也有的個體不分泌乳汁，一般稱為氣根，但氣根指的是露出表面的部分根部，正確的說法是「根托」（植物既像根也像莖的部分）。

其特徵在於，它的尖端部分會視狀況變成根部或變成枝葉，是一種相當靈活的器官（東京大學塚谷裕一）。

銀杏是裸子植物，至今還保留著不少遠古時代植物的特性，所以也被稱為「活化石」，最具代表的特性就是「乳汁」。

而且由於這種「不尋常」的特性，「乳汁」發達的古樹，自古便是信仰的對象，全國各

「北金澤的銀杏」氣根。（照片提供：〈公社〉青森縣觀光聯盟）

地都有人稱「乳銀杏」或「乳房銀杏」的樹。

*

神奈川縣海老名市，以前有一棵樹叫做「乳房的公孫樹」。那棵樹從樹幹垂下兩個狀似乳房的樹瘤，若是喝下從末端流出的汁液，母乳分泌會變得旺盛，據說母乳缺乏的母親一喝下汁液，第二天乳汁就會源源不絕的流出。因此，銀杏所在的大谷觀音堂（海老名市大谷南邊）成為民眾篤信的安產、育兒觀音，他們把銀杏樹當成祂的化身。

但是，大正時代，為了積攢這個祠堂的修復經費，有人提議砍掉靈木。雖然也有人反對，但是地方上某人士說服了當權者，打通關節，打敗了反對意見，最後終於砍掉了銀杏。

然而後來，那位主張砍樹的人士沒有後嗣，斷了香火。根據古老的說法，砍伐育子樹，就會遭到絕子絕孫的懲罰。（參照〈海老名老故事〉海老名版小城新聞）

這個故事述說著銀杏靈木保佑的不只是育兒，還有子孫滿堂。

附帶一提，銀杏又叫「公孫樹」，意味著「植樹之後，雖然長得快、壽命長，但是它開花結果的時間也很長，直到孫子輩才吃得到果實」。這種在孫子輩才結果的特性，也連結到「子孫滿堂之根本」的思想。

雖然銀杏有降災的傳說，但也有一棵銀杏廣納安產、育兒信仰的結果，卻是傷到了自己的樹身。

東京府中市大國魂神社社殿後方的大銀杏失去了主幹，難以掩蓋它的老態龍鍾。原來是傳說把生長在銀杏根部的煙管蝸牛煎來吃，有助母乳分泌。所以人們把樹根挖出來，傷到了根。

（右頁）樹葉落盡，暴露出無數氣根（乳根）的「千葉寺公孫樹」（千葉市中央區）。樹圍八公尺，樹高三十公尺。解說牌上寫「傳說將垂下的乳柱煎來飲用，可促進母乳分泌」（縣指定天然記念物）。

伸向一旁向墓地餵乳的老銀杏

我遇見了終極的乳銀杏。

地點在千葉縣勝浦市的高照寺，它的位置就在日本數一數二以鮪魚收穫量聞名的勝浦漁港正後方，仲本町朝市通的盡頭。寺前立有「勝浦朝市發祥地」的木碑。

一般來說，既然巨樹長在路中，它本身就會成為標誌，走到附近應該不用找都能看到，但是這棵卻不同。

在大部分為墓碑所占據的寺院後方，那團木塊如同巨大的拖把，藏身在白牆的內側。樹高約有十公尺，可以看得出貌似主幹的地方呈V形分叉，不過最吸引人的，卻是東北側與西側不斷向旁邊伸展的大樹枝，其存在感非比尋常。

穿過墓碑之間走近大樹一探究竟，其中一根大樹枝在不及成人身高處橫倒，以石柱支撐，鑽過樹枝往裡面走去，看到了無數的「乳」垂掛而下。大大小小呈乳房狀，或是巨大冰柱狀的氣根……聽他們說，數量有一百個以上，那景觀宛如走進了鐘乳洞一般。

這麼巨大，來掃墓的人一定很辛苦吧，我邊走邊思索著，但是慢慢的，這些「乳」看起來就像是對墓碑餵乳。我不禁胡思亂想起來，難道這些墓碑是為了喝銀杏的「乳」才聚集到這裡來嗎？

這座寺廟裡也流傳著乳銀杏的傳說。

「從前從前，那一年風雨不調，遇到幾次颱風、洪水的襲擊，連一粒米也無法收成，就在這種慘況中，十兵衛的妻子阿米日漸消瘦，也分泌不出乳汁，悲鬱之下，抱著喝奶的孩子打算投海自盡。這時卻被高照寺的和尚看見了。

和尚把阿米帶到本堂向她念經，奇妙的是，阿米的胸部脹大沉重，她的孩子開始咕嘟咕嘟的吸著奶。

這個故事傳遍了整個村莊，分泌不了母乳的婦女一齊衝進高照寺，不久，和尚過世，他的墓旁種了一棵銀杏樹。銀杏轉眼間便長成大樹，樹枝上結出許多乳房狀的乳根。不久後便流傳著一個傳說，只要摸摸『乳房』，就會分泌出豐沛的母乳。」（謄寫）

這棵樹的樹齡不詳，不過，昭和初年，日本植物學之父牧野富太郎曾留下「算得出千年的年輪吧」這句話。

一百多年前，大樹失火失去了樹幹上半部，所以才變成現在這樣橫向伸展的樹形。後來，主幹分裂成兩半，裂痕因為大樹枝的重量日漸擴大。

另外，據住持佐佐木光道所說，大約十年前，這個地區因為一場「無雨颱」帶來的鹽害，使銀杏面臨極大的災難，枝葉全部都枯萎了。在那場颱風前，樹枝伸展到最前面墓碑的第二排呢，後來不得不把大多數枝幹全都砍掉。

確實到處都能看到砍掉的痕跡，想必往日一定更加壯觀吧。住持說：「住持的使命，首要之務就是守住乳銀杏，把它傳下去。」住持似乎相當辛苦的在維護、管理巨樹。

即使到了今日，在某種意義上，母乳信仰依然深植人心，不過現在這時代，不會想到要把它與佛經信仰、乳銀杏信仰結合起來吧。話雖如此，靈木守護著具有四百年歷史的勝浦朝市，在漁村中心療癒人心，它的地位絕不可小覷。

面貌如同欺近墓地的怪物，真可謂奇觀。但正確的說，應是面對外海的嚴苛環境與居民信仰合而為一的「奇蹟景觀」。

現場解說牌正名「高照寺的乳公孫樹」。樹圍十公尺，樹高十公尺。因颱風和火災的影響，樹幹受創嚴重，所以主幹分成兩枝，樹冠向兩旁發展，垂下了無數的氣根。

樹下供奉的其中一座石祠，收藏著寫有「眷屬大人拜領」的三峰神社護符，樹幹的空隙間也夾著護符的紙片。單一一棵銀杏成為守護的神社，也是神靈的附體。

接納村民祈願的「神靈附體」

No.16

本鄉的銀杏（千葉縣市原市）

十一月下旬，對黃葉的期盼完全落了空，這一年（二〇一八）夏天的颱風帶來的鹽害，使得葉子提早枯萎了。

但是，運動公園旁的高地，一棵獨立的銀杏令人驚嘆。

主幹可能喪失很久了，粗壯長大的萌蘗*，合成一束，黏合在一起，個個枝幹直衝天際，形成壯麗的景觀。這是只有落葉之後才能展現的景觀。

參拜全樹的位置立著「三峰神社」的鳥居，根部有三座石祠，樹旁有刻著羽黑山、月山、湯殿山的石碑，而「川上用水之碑」詳載了緬懷先人勞苦的文章。這棵銀杏雖只有獨立一棵卻形成了接納村民心願與祈求的「場域」。

（左頁）樹圍十．一公尺，樹高二十三公尺。雖是多重樹幹形成的萌蘗，但是整體還是形成了美麗的樹冠。旺盛的枝條甚至帶有一點鬼魅之氣。

*：櫱音「鎳」，為植物受傷後，從殘留的根株長重新生長出新枝幹的現象。

從本堂旁看到的「大銀杏」。多枝樹幹合抱而成的萌櫱樹相，樹圍有十・九公尺，樹高有三十一公尺。以前稱作養老木，是保佑順產、育兒的靈木。

屹立在「岩殿」上的聖銀杏

正法寺的大銀杏（埼玉縣東松山市）

大銀杏在氣氛莊嚴的本堂旁展露逼人的氣勢。雖是多重樹幹合抱的萌櫱樹相，不過最值得大書特書的，是令人驚異的發達根系。無數的根從樹幹底部溢流般的伸展，交纏堆疊的露出地表。怎麼會如此稀奇古怪啊？若非地表遭到沖刷，不可能形成這種景象吧。我思忖著繞著樹走一圈，發現了一件事，原來這棵銀杏是矗立在巨大的岩石上。

為了支撐龐大的軀體，確保養分，樹根往外伸長是理所當然的事。但是它與關東屈指可數的古剎——岩殿山正法寺本堂並立，就很難不覺得它具有象徵性的意義。這棵大銀杏真的是站在神聖「岩殿」（或是磐座）上的神木。

No.17

（上圖）立於巨岩上的「大銀杏」，從部分暴露的地方推測，那塊岩石的直徑應有三公尺左右吧。
（左圖）「大銀杏」與正法寺本堂。據傳創建於奈良時代初期的養老二年（七一八），岩殿山這個山名始於在岩洞中供奉千手觀音主佛。

（左圖）海南神社院內的銀杏。左為雌株（樹高十五公尺）樹圍五．六公尺。樹齡八百年）。右為雄株（樹圍四．五公尺）。

（右圖）雄株底部壓在龍神社的屋頂，如同伸長的「龍頭」，不只是眼和嘴，連鬍鬚的模樣都似模似樣。另一棵銀杏的樹枝根部則像「鹿頭」。

妖怪、神獸都來附身

海南神社的大銀杏（神奈川縣三浦市）

從飄蕩著昭和懷舊氛圍的港都街頭，我像被吸入一般走上海南神社的參道。

院內有三棵大銀杏，其中，面對本殿右手邊的一棵（雌株）據傳源自於「源賴朝參拜本社時親手栽種，作為許願應驗的紀念。」乳根極為發達，甚至顯得與主幹頭重腳輕的程度，令人目瞪口呆。若從「正面」參拜的話，看起來就像穿著水袖的兩隻手臂高舉成V字，嘴裡吐出東西的妖怪。樹形較差的「雄株」枝幹末端則有如龍頭的形狀，引人議論。

該社的主神是因冤案遭罷黜，流落到此地的平安時代貴族藤原資盈，這棵戲劇性的神木，正好適合各式各樣的人來來去去，生產故事的三崎港。

No.18

（左頁）院內的銀杏雌株，只要觸摸從粗枝垂下來的巨大「乳房」就會分泌乳汁，所以當地的婦女多來膜拜。

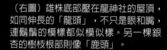

御神木
イチョウ
参拝記念
こちらの御神木に実った
銀杏です
初穂料　一袋　二百円
参拝記念
こちらの御神木に実った
銀杏です
初穂料　一袋　百円

（左圖）「滴水的銀杏」矗立在過去龍雲庵寺院所在之地，它與旁邊的阿彌陀堂兩個歷史景觀，一直保留到今天。

（右圖）大銀杏環抱的石板碑上，刻著男女面對面的圖像。此外還可看到「法華、讀誦、一千部」等文字。下方刻著阿彌陀像和「逆修善根」。大概是祈求許願人（藤原永家）夫妻來世平安的證明吧。

蘊藏著各種故事的銀杏老樹

滴水的銀杏（熊本市北區）

這個小小的社院，充滿著民間傳奇舞台的氛圍。走上傾斜石階，跨過露出的樹根，繞到後面，根部環抱著一具耐人尋味的石板碑，與生苔的五輪塔殘跡。倚著巨樹而建的祠堂中，古舊的如來佛像醞釀出難以言喻的氛圍。

傳說中，敗逃的平家人種下這棵銀杏，作為墓碑，落款天文二年的石板碑上刻的男女像，引人想像其中蘊藏著什麼樣的故事。介紹牌上寫著「有個年輕人打算砍下此樹當柴薪，當晚夢中出現一名美麗的姑娘，請求他不要砍樹。那個女子就是棲居此樹的白蛇化身」的民間傳奇，也介紹夜裡會響起打更聲的怪談。引人遐思的老銀杏樹，真的是故事的泉源。

No.19

（左頁）樹根部環抱室町時代板碑的「滴水銀杏」（縣指定天然記念物）。樹圍十四公尺，樹高四十二公尺，旺盛的萌蘖樹相與暴露的樹根令人印象深刻。

長椎栲的慈悲——栲樹

樂法寺的宿椎（茨城縣櫻川市）、藥王院的長椎栲（茨城縣櫻川市）
出島的栲樹（茨城縣霞浦市）

No.20

扭轉身體迎接香客的「怪物」

從衛星照片看，茨城縣的筑波連山呈勾玉形，主峰筑波山（標高八七七公尺）山脊沿著遼闊的山腳平野往北方延伸，接到雨引山（四〇九公尺）。

雨引山樂法寺坐落於山腰地帶，通稱雨引觀音，為坂東三十三觀音靈場之一，創建於用明天皇二年（五八七），乃關東少有的古剎。如同民間俚謠（民間傳唱的歌）中唱道：「一為安產，二為育兒，三為櫻之樂法寺」，是一所名聞遐邇的保佑順產、育兒的寺廟。而且這次我去參拜那一天，是櫻開時節的星期天，山裡如同廟會一般熱鬧。

從昔日真壁城遷來的藥醫門拾級走上長長的石階，好不容易來到仁王門。左手邊的石牆如同城壁，想要走到供奉祕佛本尊雨引觀音的本堂，還得再往上走。就在走到最後一段石階時，石階的右側，一個「怪物」瞪大了眼睛對著我。

怪物的名字叫做「宿椎」，寺方告知，它是樹齡一千年的長椎栲老樹，之所以說它「對著我」，是因為大約四公尺高處有個樹洞，看起來像一隻眼睛。而樹幹避開信眾捐獻的玉垣般傾斜的聳立，俯視著樹下的參拜者，像是把龐大身軀扭轉過來，向我（參道石階方向）探出頭。

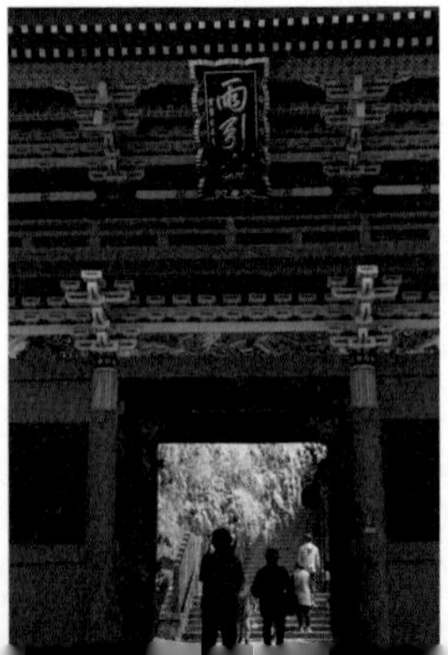

雨引山樂法寺的山門。該山奉延命觀世音菩薩（國家指定重要文化財）為主佛，為北關東數一數二的觀音靈場。
（左頁）本堂前方驀然映入眼中的神木，通稱「宿椎」。

宿
スダジイ

祈商売繁昌 千代田利光
祈家内安全 浅野清雄
祈商売繁昌

從樹的背後往下看，它的姿勢便能一目了然。樹根緊抓著斜坡，扭轉過攏成一束的樹幹，那姿態令人感動。

再者，它矗立的位置也十分絕妙，也就是說在參拜主佛之前，就能先與這棵相當於山中守護神的神木結緣。

從斜坡走下樹底，便可以就近瞻仰，所以，注意到巨樹的人絡繹不絕的下來，發出無意義的感嘆聲。也有人兩手靠在樹幹上祈禱。這是參拜的例行動作嗎？還是感應到什麼特別的緣分呢？

寺廟的導覽冊上，關於宿椎，它是這麼寫的：

「一四七二年，本堂、諸堂遭祝融之禍時，將殿內菩薩請到這棵栲樹下避難，所以稱它『宿椎』。大樹散發的靈氣中，感受得到觀世音菩薩的神通力。」

主佛雨引觀音遭受火災，卻因「栲樹」逃過一劫。也就是說，這棵長椎栲守護了菩薩嗎？但是，這一年發生過什麼事嗎？文中卻沒有寫出為什麼與「觀世音菩薩的神通力」有關係。我思索著這件事，調查了宿椎的傳承和它與雨引觀音的因緣，卻在樂法寺的主網頁上「摩多羅鬼神祭緣由」中找到了答案。

「觀音菩薩自己去樹下避難」的意思

時值文明三年（一四七一），上杉顯定的部將長尾景信帶軍攻打古河城（今日的茨城縣古河市），擊潰城主足利成氏的軍隊，占領古河城。成氏一族逃往千葉，第二年，足利軍得到結城氏的援軍，率一萬五千兵力偷襲古河城，終於成功奪回城池，並且追擊長尾軍的敗兵，

兩張照片都是「宿椎」。樹圍七．八四公尺，樹高十五公尺。從本堂側往下看，可見主幹扭過半個身子朝西而立（參道石階旁）（右頁）。粗壯的根部支撐著龐大身軀，穩穩的抓住坡面。

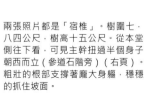

在裏筑波的雨引山將他們團團圍住。

足利軍從四方放火，攻擊長尾軍，該山（樂法寺）因此起火，主佛延命觀世音菩薩（雨引觀音），自己放出光明，到觀音堂前的老栲樹避難。戰火平息，兩軍撤退後，信眾聚集到寺前，為主佛的平安流下隨喜的淚水。

幾天後，傳說每夜都有許多鬼在雨引山上集合，搬運木材敲敲打打。晚上多名覆面的工匠出現，建造暫厝的祠堂……率領這些鬼面人的是個騎在馬上的鬼神。見過此景的當地人驚嚇於他們的奇特裝扮，於是這個鬼將軍應是天竺（印度舊名）的摩多羅鬼神的傳聞不脛而走……。（抄譯）

這就是以奇祭聞名的摩多羅鬼神祭的由來。我雖對摩多羅這個神祕鬼神的存在感到好奇，但是此處更應該關注的是，主佛「自己放出光明，逃至老栲樹下」這一點。

據來接電話應答的僧人說：「是武將在本山籠城時，將主佛抬到栲樹下。」聽他這麼說，我想事實應該就是如此，但是前面荒謬絕倫的說明，在寺社相關的世界裡，絕非離奇的說法。其他也有類似的傳承。比如說東京淺草寺的淺草觀音，也流傳著「（起火延燒）之時，主佛自己到本堂西方的朴樹避難。」（引自淺草寺官網）的故事。

不管是栲樹也好，朴樹也罷，這個「觀音菩薩自己到樹旁避難」的中心思想，該如何理解才對呢？

從結論來說，這是在「觀音菩薩就是有如此大能」的前提下，才能思考的問題。

佛像是件物品，無法想像它自己會移動，但是從神靈的邏輯來說的話就充分有可能。神靈本來就是居無定所，偶爾會化成「發光體」降臨在適當的樹上，這種「現象」，稱作「飛神明」，在歷史上不勝枚舉（許多是伊勢神宮的神靈飛走）。

手靠著「宿椎」祈禱的參拜者。此地已是人們注目的山區能量景點。

過去，在常見的神佛習合*觀念下，活著庇佑的「佛神靈」按自己的意願依附栲樹的邏輯，難道不會有點奇怪嗎？

若是如此，「宿椎」之名，恐怕不只有「主佛暫住」的意義，也隱含了「觀音菩薩的靈體寄宿於栲樹」的意義了。若非如此，導覽冊就不會有「從大樹散發的靈氣中，感受得到觀世音菩薩的神通力」了。

另外，觀音菩薩是一尊慈悲的佛，依照前面的說法來看，宿椎本身就在向我們展現慈悲的神通力。如果沒有這個奇妙的傳說，也許就無法解釋它的存在吧。

出現在高地的長椎栲森林

長椎栲因具有會反射日光的葉片，屬於所謂照葉樹的一種，更正確的說法，它是殼斗科錐栗屬的常綠闊葉樹，說到栲樹，它大多指的就是本種。

現在長椎栲生長地區最北到新潟縣與福島縣，在它以南或以西都可以看見。以前，長椎栲樹廣闊披覆關東到九州的低地，但是，人類大肆砍伐闊葉樹自然林的結果，除了神社佛寺院內的「鎮守之森」及其周圍之外，大多都已消失。

另一方面，人們開始注目長椎栲等闊葉樹林，認為它們是孕育日本文化的母體。這是因為所謂的繩文文化，便是隨著闊葉樹林帶的形成，適應其環境而發展出來的農耕文化。也就是說，闊葉樹茂密的鎮守森林，是個可以追溯水田稻作文化之前太古記憶的寶貴空間。

獲得機會到茨城縣進行神木巡視時，雨引觀音的「宿椎」就是我一定要去拜訪的神木之一，另一棵是後面會提到的「出島椎」。兩棵樹都是長椎栲純屬偶然，但是經過事先調查後

＊：一般是指將日本本土的神道信仰，與佛教折衷合一的現象，又稱作神佛混淆。

發現，連結兩處的路線中有個值得注意的地點，那就是位於筑波山西側登山路線的名剎，椎尾山藥王院。

不愧山名中冠了個椎字，這座寺廟院內及後山坡地上，都是縣指定的文化財「椎尾山藥王院長椎栲樹叢」。指示牌上寫了下述幾項特色，並指出「以下幾點，在學術上的價值極高」。

1經歷長久歲月將昔日生物群落形成的生態系傳承到今日的暖帶林。

2群生的規模非常大。

3不但是植物的寶庫，也充分保持植物之間，以及與動植物之間的平衡。

4接近日本長椎栲樹叢的北限。

5有很大的救荒（救濟饑饉）、水源、防災林的功效。

光是長椎栲的樹叢，便有超過一百棵胸高直徑三十公分以上的樹群生，其中推測樹齡達三百－五百年的老樹還有十幾棵。不管怎麼說，喜愛溫暖地域，多見於海岸和平地的長椎栲樹叢，卻在接近北限的筑坡山山脈高地上茂密生長，這點著實令人吃驚。

主因有兩點，一是六千－七千年前地球暖化造成海平面上升，內海接近筑波山麓附近，因而促進闊葉樹的傳播。另一點，獨立於平原的山（筑波山就是典型）等，發生顯著可見的「山坡溫暖帶」所導致。

「山坡溫暖帶」主要在冬季晴朗的晚間出現得尤其明顯，它的機制是輻射冷卻使地表溫度降低，標高越高，氣溫越上升的逆溫現象，而下降的暖空氣維持坡面中部的溫暖，氣溫較高的地區會沿著等高線呈帶狀產生。

藥王院的副住持竹林俊充說：

「院內標高二百公尺附近，正好是冷暖空氣交會的地方，與山麓相比，大約可高三度，

從椎尾山藥王院本堂前，遠望背後的長椎栲樹叢。

初冬的早晨特別有感。印象中，小時候從院內的家裡出門到學校時，越往山下走，霜結得越多。」

從古時候人們就知道，筑波山山腰有個特別的地方。

該寺開建於延曆元年（七八二），為設置筑波山四方的四面藥師之一，自古以來，一直是人們親近的「椎尾藥師菩薩」。寺內有江戶時代初期重建的仁王門、供奉藥師如來祕佛的本堂和三重塔，每一座都是依當代一流的建築工法建造。然而最耐人尋味、令人神清氣爽的便是聳立在院內各重要地點的長椎栲巨樹，和本堂後方遍布的闊葉樹林。

「自古以來，這裡就以栲樹山聞名，多虧了栲樹林的保護，讓本寺未受到風雨災害。所以，代代相傳絕不可以伐樹，最近雖然也有強烈颱風來襲，但結果一定是『栲樹大神保護了我們』。」（副住持）

與鎮守神社一同矗立的神木

最讓人記憶猶新的長椎栲樹，是聳立在寺務所、阿彌陀堂那一區、仁王門前、仁王門爬上本堂的石階旁和其他目光容易停留之處。而其中，白眉像是率領本堂旁的小社如同守衛一般矗立。

「從阿彌陀堂上來的人，第一眼看到的就是這棵樹。從仁王門上來的人，也會在看到本堂後，看見這棵栲樹。三重塔就在它的樹蔭下，所以這樣的配置更加醒目。」（副住持）

這棵栲樹下的鎮守神社面向東方，護持面向南邊的本堂，而再往上走，可連接到筑波山男體山頂。

「這麼說起來……」副住持道。

「別的地方很少看到本堂旁會有個鎮守的小社吧？而且還是堆了土，用石階圍住，在略高之地與栲樹一同矗立的小社……」

的確，神社本身雖小，卻刻意墊高奉祀。一般寺院（或者主佛）的鎮守，通常都是低調的建在本堂跟前或是後方吧。

這個小神社還有個饒富深趣的小故事。

它本來叫做山王社，因為天台宗的總本山——比叡山延曆寺也有鎮守日吉大社（山王社），憑著這層關係，隸屬天台宗的藥王院裡供奉山王社並沒有什麼不對。但是，明治初年猛烈的神佛分離運動也波及到筑波，山王社面臨拆除的危機。當時的住持心生一計，在社內奉祀毘沙門天像，堅稱此社為毘沙門堂，因而逃過一劫。可能因為這段歷史，所以現在的參拜者也搞不清楚它到底是個什麼社。

而且，雖然可以理解為什麼如此重視、保護它，但是為什麼要在這個位置建土台來奉祀呢？我怎麼想都想不透。副住持推測：「在江戶初期重建三重塔之前，藥王院還有建過寶塔的紀錄。會不會這裡就是原先寶塔矗立的位置呢？」

按寺院堂塔的配置來看，確實有這個可能。不過，筆者倒是閃過了另一個想法——即使真是如此，也是因為一旁有這棵「守護神」在，才會把鎮守社奉祀在這裡吧。

「的確，也許以前就有這棵栲樹。椎尾山的信仰中把栲樹當成守護神一起祭拜。傳說這棵栲樹五百年前就有了，所以，江戶時代各堂重建時，它已在這裡陪伴多年。栲樹與山王社是不可分割的夥伴，從位置上來說，它既守護本堂，也守護三重塔。」（副住持）

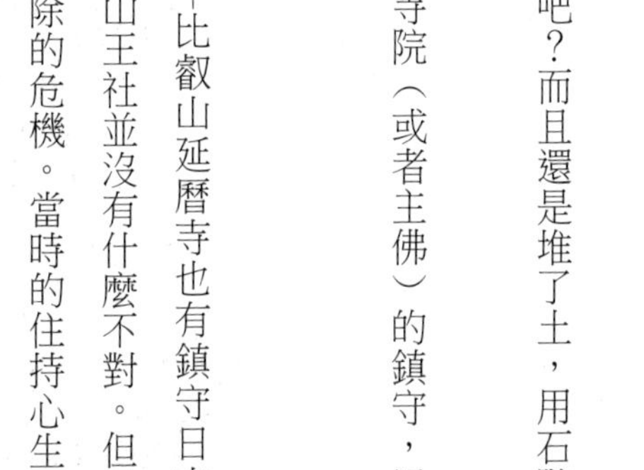

（右圖）藥王院寺內的鎮守——山王社與長椎栲樹。

（左頁）竹林俊充副住持與長椎栲樹。

這棵栲樹的樹冠就像個巨大的青花菜。

最值得一提的是它的紋理很棒，長椎栲的樹皮有縱向的裂口，但是老樹的皺褶會變深，不久後形成大繩捆在一起的質感。而且這棵樹不但扭轉軀幹，而且幾根樹枝像是高舉雙手般伸展出去。這樹相令人感受到力量源源湧出，是令人很想永遠凝視下去的樹。

「這麼說來……」副住持又說。

「有位施主每個月會來抱樹一次，大約五十開外的女士吧，像這樣（用手撐住樹幹），動也不動的站著好幾分鐘。其他還有幾個人也這麼做。也許是樹的紋理讓人有所感吧。她說：『我從這棵樹感受到生命力，給了我力量。』現在這條注連繩（雖然有點髒）並不是我圍，是幾位四十多歲的男女施主帶來，表示想要捐獻。那是神社在用的正式純麻繩。」

即使在寺院裡，適當的巨樹就會成為不為人知的神木。也許是這麼一回事吧。

以「妖樹」作為軸心的信仰景觀

那兒有我從來沒見過的景象。

地點在茨城縣霞浦市下輕部，在平成的縣市合併前，叫做霞浦町，前身是出島村，地名表現出突出於霞浦的半島狀地形。因而，「出島之栲」這個名字，簡單明瞭，不過它也許是這個地區的標誌樹。反正，我在時間停止般的無人小鎮散步了一會兒，終於找到那個地點。

這座目前無住持的寺院名叫長福寺，山門旁還有另一個「院子」。

種植樹籬的入口前方，聳立著巨大的長椎栲，粗壯的樹枝像招手般向外伸展。它的前面有座供奉石佛的小堂，上面貼著無數籤紙片，隨風飄動。樹側立著觀音與地藏石佛，與刻著

（右頁）藥王院院內有好幾棵特徵明顯的長椎栲大樹，山王社旁的一棵（右圖，樹圍五．六公尺）以及仁王門前的一棵，樹齡傳說有五百年。其他還有樹形奇特、以及樹洞裡供奉地藏菩薩的老樹。

羽黑山・月山・湯殿山的石碑。另外，還有數十座小石佛圍繞著栲樹朝內排列平行而立。

這個空間究竟是什麼意思？

如果那裡是一個完整的世界觀，也可以看成諸副尊聚集，以正尊長椎栲為中心，形成立體的曼陀羅。

其本尊可能失去主幹已久，因此樹枝朝四面八方伸展，茂密的綠葉遮蔽了寺院。因此，樹下昏暗，青苔爬滿了刻著深刻皺紋的樹幹。可能是逢魔時刻（傍晚）不可參拜吧，那氣氛甚至帶著點妖氣。

老實說，那濃厚的氛圍，讓我彷佛窺探著民俗的深淵而啞然無語。這棵「妖樹」為軸心的信仰景象到底是如何產生的呢？我們就從解讀依附這棵長椎栲組成世界的品項來進入吧。

首先是神祕的紙片，它既非書籤也不是附箋紙。

上面寫有「奉納百堂參拜為～」「奉納百堂者為～」「奉納百堂巡禮為～」等字。霞浦市歷史博物館的解說員千葉隆司告訴我，這是茨城縣南部，包含石岡市、土浦市等地流行的民俗儀式，叫做「札打」。

這儀式是指，家人亡故後過新盆*1的家庭，要準備一百張寫著故人法號（即前面「～」的地方），貼在附近的一百間祠堂等處。也就是紙條上寫的「百堂參拜」、「百堂巡禮」。

我很驚訝現在還保留著這種風俗，不過要走遍一百間堂，也是相當耗神費力的事。其實，在院內的石佛或供養塔等各處，都看得到同樣法號的紙條。看得出同一個地點，「巡禮」過相當多次。畢竟，最重要的是先完成一百次。

然後是石佛群。仔細一看，環繞栲樹一圈的這些石佛，全都採同樣的姿勢。原來是弘法大師空海像，右手拿著金剛杵的法具，算起來一共有八十八尊。簡言之，與弘法大師有淵源

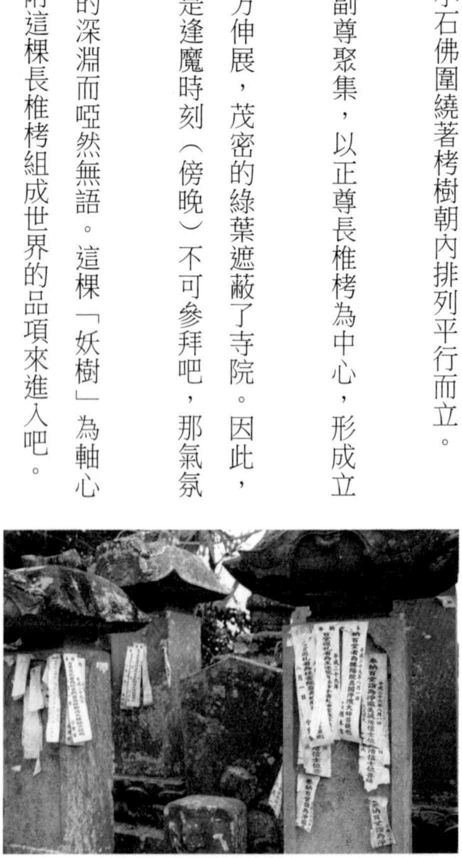

現在已無住持的長福寺院內，石雕等處都貼滿了長長的紙條。

*1：第一次過「盆節」〔中元節〕。

的四國八十八箇所靈場都集結在此。

事實上，堂中安置的也是大師像，據千葉先生說，這座祠堂是以出島地區為中心的「四國遍路八十八處札所移動靈場」之一，總而言之，該處是八十八分之一個靈場，而且只要去這一處，就可以抵八十八處的迷你靈場。

四國八十八箇所信仰的晦暗

這個「移動靈場」是江戶時代明和四年（一七六七），長福寺正應上人創建，其淵源和原委寫在《出島村史（續篇）》一九七八年版中，根據內容簡述如下。

＊

正應上人憐憫因罹病和種種身障，無法到四國靈場朝聖者的心情，所以親自走遍四國八十八地，將當地的沙帶回來，把該靈場移動到本地的寺院。

札所＊2以下輕部長福寺為中心的出島區內最多，八十八處中有五十六處在出島村內，其他三十二處分布在鄰近的土浦市、千代田村（現在的霞浦市）、石岡市。加茂的南圓寺（霞浦市內）為第一號札所，高濱北根本的西光院（現在的石岡市，已廢院）為第八十八號札所。各札所都建立了大師的石像，但現在許多寺院已廢寺，只剩下石像忍受風吹雨打，甚至有的石像不知去向。

大師像的台座刻有四國札所靈場與靈場的寺院名，其中也刻著札所的詩歌。建造的年代比正應上人移動靈場的時間稍晚，大多在文化・文政時期（一八〇四－一八三〇）。除了札

樹籬內．巨大的長椎栲樹（出島之栲）矗立在中心．跟前的木造小屋貼了難以計數寫有「奉納百堂～」的紙片。

（下頁）「出島之栲」（縣指定天然紀念物）。樹圍七公尺．樹高二十公尺。主幹喪失已久，幾條大樹枝橫向伸展。據傳承所述，樹齡有七百年。

＊2：朝聖者領取護身符，作為參拜過標記的地方。

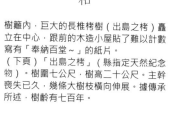

奉納
奉納
奉納
奉納
奉納

所外，其他由當地信徒供祀的大師像，也大多都在同時代建立，其中也有明治初期的石像。

另外，正應上人在這「移動靈場」之外，又為無法行走者或老人，將四國八十八箇所的泥土遷至一處，這把土收藏在折越的持寶院，祭祀大師，只要參拜這一個地方，就能領受弘法大師的慈悲。但是，這所寺院也已廢寺，現在只留下寺院的遺跡，找不到大師的石像。

村內還有其他將八十八箇所集中一處祭祀的地方，像是加茂的南圓寺、安食的福藏寺（以上都在霞浦市），還有長福寺等。其中，收藏在長福寺山門旁的縣指定天然記念物大栲樹下者，現在也仍保存在札所中供人祭祀。

*

四國八十八箇所是在江戶時代之後，才固定為今日的形式，十七世紀後期，四國遍路的指南書、靈場記等書籍的出版，促使它在百姓之間廣傳開來。這項運動雖然趕上了伊勢參拜所代表的遊山觀光熱潮，但是「四國遍路」有其不同於其他朝聖地的一面。

相對於伊勢參拜具有在共同體（講）內代理參拜和青年通過儀式等社會性的一面*，四國遍路完全是個人自發的祈願，其中有很多是病患、貧民，或因為某種原因在村子裡待不下去的逃脫者。

其動機並非是單純的現世好處，而是疾病康復或懺悔除罪，「四國遍路」是一條穿上白衣白褲，像是準備踏上黃泉路，懷著沉重的煩惱、疾病，疏離感徒步修行的道路。實際上也有不少人在半途中倒下，直接埋葬在遍路道上。

但是，與大師和同行二人（經常在弘法大師左右之意）一起迎接的死亡，也是一種臨終的救贖吧。

前文中提到「因罹病和種種身障，無法到四國靈場朝聖者」，正是這些人才渴望遍路，

*：在古代，從日本各地前往伊勢神宮參拜是件花錢耗時的事，因此民眾組織成社區團體，稱為伊勢講，共同分擔講田的耕作，販賣後募集資金，以便能派代表前往伊勢神宮，這就是代理參拜。但有些年輕人會瞞著親友，身無分文的偷偷前往完成參拜，除了信仰之外，也視為一種長大的成人儀式。

而「憐憫他們的心情……」更是令人領會到宗教家將他們的心情引導到救贖的心思。

雖然現在四國遍路之旅給人觀光、尋找自我的形象，但是原本它卻帶著某種晦暗的意象。這種「晦暗」與長椎栲樹下不謀而合。

包圍大樹的八十八尊大師像，也許是為了迷你巡禮的方便而配置，但是就結果來說，各尊大師看起來像是與「主尊」面對面結緣。另一方面，朝聖者也在瞻仰各所大師的同時，領悟到其背後的神佛吧。

民眾的世界觀與靈性的核心

那麼，這裡暫稱為主尊的長椎栲又是何方神聖呢？

我敢大膽的說，它就是本國民俗觀與靈性的核心——也就是祖靈的象徵，亦是祖靈的附身對象。

這棵據傳推測樹齡有七百年的樹，在江戶時代就已經是古樹，所以存在感格外強烈。尤其是它聳立在適當的地點，又更加深具意義。

長福寺現在雖已無人掌理，不過解說牌上寫道，以前它也是擁有十萬石格式（接受與同等級大名相同的待遇）的名剎。守護寺院的長椎栲對地方上的人來說，應該是自孩提時代便熟稔，到了老年依然存在，不曾撼動的象徵（象徵樹）。

在貿然造訪的現代人眼中，它的氣氛有些陰森，但是對當地人來說，這裡卻存在於懷念的記憶中。千葉隆司解說員告訴我，從古早就住在這裡、現在七老八十的耆老經常緬懷過去食物短缺的時代，就吃這棵栲樹的果實，也記得爬到樹上玩耍。

實際上，栲樹的果實澀味少，是可以生吃的樹果，現在在「繩文時代體驗學習」等活動中相當受歡迎。長椎栲自遙遠的繩文時代，就是親切、施恩待人的存在，只是現代人都忘記了。

「這棵長椎栲是繩文海進（繩文時代海平面上升）以後溫暖化留下的紀念，與紅楠樹一起述說著霞浦周邊遠古至今的大自然故事。」（千葉說）有關這棵樹的記憶，已超越了時代，深扎在這個地區中。

古樹的底部，奉祀著四國八十八箇所之一，所以安置八十八尊大師像，是極其自然的事，並不需要任何理由。由於信仰的對象聚集在此，所以形成了一個磁場。即使寺院本身與荒廢無異，但是此地多年不變的保留下來，已經證明了信仰的堅定。

不只如此，即使其他的移動靈場荒廢，人們不再光顧其他的迷你靈場，唯獨這裡「現在仍舊保存、奉祀得井井有條」。這次的採訪意外也變成《出島村史（續篇）》出版四十餘年後的再次驗證之旅。

我之所以感覺身為中軸的長椎栲是祖靈的附身對象，不外乎因為小堂上貼滿數量驚人的「百堂參拜（巡禮）」紙條。

原本四國八十八箇所的札所與新盆超度根本是兩碼子事，但是因為在長椎栲樹下設置小堂，就成了「札打」理想的目標。

過去，民眾對新盆儀式總是精心打理，因為它是四十九日之後，第一個迎接的忌日法事。在那個時間點上，對家屬來說，雖然對故人的記憶還栩栩如生，但是這個場面也真切的體會到離別。

在此時進行的百堂參拜風俗，乍看似乎多餘，不過它的目的不外乎是祈禱故人早日登天

弘法大師像包圍了以大栲樹為中心的「迷你八十八箇所」的「外圍」。這些石像全都面對大栲樹而立。

的追善儀式。「一百」的數字，也是基於「多積功德」的思考，盡可能祭拜更多菩薩，累積善根，確保亡者在天上的幸福。

換個角度來想，這不正是傳達了家屬敦促現在還在陰陽之間徘徊的逝者靈魂，圓滿回到祖靈世界的心情嗎？

也許是為了回應這種心思，我怎麼看都覺得「出島之栲」現在也伸出粗大的樹枝，招引故人的亡靈。

栲樹底下應該算是「迷你八十八箇所」的「內圍」，地藏菩薩和觀音菩薩背對著大樹而立。

異形的守護神

賀惠淵的栲樹（千葉縣君津市）

若是在樹形的不尋常這一點上比較，也許沒有一棵樹能贏過它。

樹木本來並沒有正面或表裡，但是神木當中，會有特定的觀賞點，以這棵樹來說，從照片東側的角度應該是最佳。

跪在地上抬頭看，大樹鬆弛的皺褶像個老太婆似的直靠過來，放低重心，像要把人覆蓋住，壓迫感十足。從外面打量這幅構圖的話，看起來巨樹就像以全身為盾守護小小孩的姿勢。

實際上，河對面吹來的風把這棵樹吹得傾斜，猶如水田的擋風林般，朝著兩側伸展枝葉，守護著土地神的神社、和民眾集會的祠堂等信眾小小的據點，就結果來說，就成了現在這個模樣。

它的存在，不禁重新讓人思索巨樹在地方上帶來的意義。

這棵長椎栲大樹生得威儀堂堂，值得一提的是雖然樹高有二十．七公尺，但是樹枝範圍南北達三十三公尺。往東也有十六．三公尺。而且根部附近的粗枝呈水平方向伸展。近年人們砍掉大部分大枝，稍微減少了壓迫感。

No.21

（左圖）後面有小櫃川的東北側極端傾斜的「賀恵淵之栲」。樹木底部的石碑記著「淺間大神」，一旁就是八坂神社的小社。另外在南側還保留著舉行待月儀式的「二十三夜堂」。

令人著迷的雄姿

上野村之大椎（千葉縣勝浦市）

聳立的長椎栲大樹（左頁亦同）像是守護寂光寺本堂。樹圍九．八公尺，樹高約十八公尺。正面（西側）大樹枝垂落，在主幹上留下慘不忍睹的痕跡。它的名字是「上野村之大椎」為天然記念物，當地都管它叫「千年的大椎」。文永年間（十三世紀後半），據說日蓮聖人造訪此地時，它是院內的主樹。

來到手寫的「千年之大椎」標誌前，過了河，爬上小山，眼前出現寂光寺的寺院，一棵大樹在門口迎接。

在樹的周圍走了一圈，某個角度（東南側）攫取了我的視線。從那個角度映入眼中的長椎栲樹，有如東大寺的仁王像一般剛猛，不禁聯想到舉重選手挺舉一剎那的「背脊」，令人心動不已。

現在寺院已無住持，不過還是有人來打理。村民若有什麼煩惱，就會來這裡眺望栲樹，消磨一段時光。這裡就是這樣的場所（事實上，在我拍攝的時候，有幾個掃墓客談笑著從我身後經過）。所以，這樹並不是「寂光寺的」，而是「上野村的大椎」吧。

No.22

然後，留下了栲樹

平保久之栲（東京都多摩市）

走在吉卜力動畫《平成狸合戰》中出現的「光頭丘」的多摩新市鎮，便看見冒煙沸騰般的樹冠，與其他人造複製的植栽明顯不同。

關於它的來歷，據說，它雖長在當地富農的家院中，但卻是鎮守之森的神木，不過現在早已分辨不出了。上了紅漆的祠堂，從其氛圍應是棲身古樹的地主神（地靈）的小廟。「平保久」是這一帶的古稱，意思是「平坦的窪地」，這棵神木將已從地圖上消失的古地名留至今日，成為保留原有自然的記念品。

靠斜坡支撐巨大身軀，栲樹根發達成板根狀，大大的暴露出來。看上去宛如全力抵抗著伐墾山林的巨大力量。

「平久保之栲」是由大小兩棵長椎栲組成，照片中較大的那棵樹圍五．九公尺，但看上去的印象明顯應有超過。推測樹齡為五百一六百年。

No.23

（左頁）樹的周圍開闢成小公園，由地方人士管理。面對巷子有座混凝土鳥居，正前方是大栲樹，後方有小祠和另一棵栲樹。

野之大神——櫸樹

野間的大櫸（大阪府能勢町）、八幡神社的櫸樹（野大神）（滋賀縣長濱市）

根古屋神社的大櫸（山梨縣北杜市）

No.24

「蟻無宮」的神木櫸

地點在豐能郡能勢町野間稻地。

它是個什麼樣的地方呢？地名本身似乎便告訴我們答案。

位於大阪府北端的能勢町，有個盆地叫做野間，盆地的中央，接近野間川與支流匯流之處，有一片蒼鬱的森林。

走到附近一看，原來它不是森林，而是一棵大櫸樹。

「這棵樹樹齡推測已有千年以上，眼睛平視（相當於眼高的部分）的樹圍約十四公尺，高三十公尺。枝幹張開南北三十八公尺，東西約四十二公尺，雖然獨立一樹，但形成茂密的社院叢林，為大阪府內最大的櫸樹，也是全國名列第四的巨樹。」（解說牌）

這難得見到的巨樹，並不只是地標而已。

現在樹的底部也供奉了一座小社，不過，大櫸樹和周圍的這一區，原本就屬於「蟻無宮」神社的領域。巨樹的推測樹齡若是到了一千年的等級，就很難知道到底是先有神域才守護了樹木，還是因為巨樹的存在，才有神社奉祀。可以確定的是，這棵樹的確擁有神木的特殊待遇。

「蟻無」這個宮號，在別處從來沒聽過，解說牌寫道：「向神明求得社庭裡的沙帶回家，撒在蔬菜或屋內，就能趕走螞蟻。效果遠近馳名。」所以才叫蟻無宮啊。

不過另一種說法稱，它原名「有無宮」，主祭神是著名的詩人紀貫之*。

緣由來自貫之的詩：

「合手一水宿月影　有無不知正如世」（虛幻的現世到底是有或無呢？恰如雙手舀的水中那個月影。）

事實上，江戶幕末的《能勢東鄉志》的史料中有寫：「以此詩詞命名」並在「相關源起」處，寫「蟻無應為有無也」。

如果這個說法沒錯，為什麼要在這裡祭祀紀貫之呢？與大欅樹又有什麼因緣？這部分似乎不得而知。

正當巡梭著難解的謎題時，突然得到一個資訊，這棵大欅樹東北約五公里的位置，有座歌垣山，是「日本三大歌垣聖地」。所謂的歌垣，是一千男女互相交換即興傳情歌謠的場所，有這種文化生息過的地點，所以這裡才祭祀平安時代的歌聖嗎？

找不到答案線索的疑問，暫且擱置。

其實究竟是「蟻無」還是「有無」，都只是枝微末節，事物的表層而已。山巒疊嶂形成了盆地，潤澤土地的河川匯流點，換句話說，這個地區樞紐的重要之地，長了一棵不尋常的巨樹——這項事實比什麼都重要。

正因為它是這麼重要的象徵樹，所以自然會賦予它各種意義。

民間傳說它的根延長到五百公尺遠的鄰村，吸取水田的養分，雖然這個說法不可能得到證實，但是，從這巨樹的規模來看，應該不無可能。這個傳說不僅把大欅樹當成君臨這塊土

「野間的大欅」（國家指定天然記念物）。依據環境省的數據，樹圍十二公尺，樹高二十五公尺，為代表近畿地方的欅樹，名副其實的一木成林。能勢町欅木資料館的資料說，樹冠的投影面積達一〇二三平方公尺（相當於六二〇個榻榻米〔三一〇坪〕的大小）。

*：平安時代的貴族兼詩人。

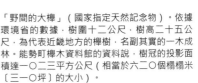

地的統治者，也說明它足以證明這塊土地的豐饒（潛力）。

不只如此，人們也注意到這棵樹的感知器，它藉由地底下盤雜錯節的樹根，偵測到人類無法得知的情報。事實上，古時候人們會看這棵樹春天發芽的好壞，來占卜當年的收成凶吉。所以，人們對統領這塊土地，與百姓生產活動共榮共存的大欅樹，虔誠的奉祀，也期待它負起守護神的角色。前面的「滅蟻」（這裡所說的蟻，是指害蟲蚜蟲，日本又叫蟻卷）的習俗大概最重要吧。

事實上，民眾意識到取回各戶潑撒的社院沙，真的有避邪的符力，也期待它的靈驗效果。現在每年五月十五日祈求五穀豐收的「祈願祭」和九月十五日的「還願」儀式都在這裡舉行。

反過來說，因為它是靈驗的活神木，對於無禮也絕不輕饒。

一九八九年三月，能勢町打算砍去這棵國家指定天然記念物的中央枯枝時，鏈鋸發出的熱，引燃了積在空洞裡的枯葉木屑，用了五十桶水也未能滅火，最後出動消防隊。火雖然滅了，但作業員卻被砍下的樹枝刺傷了。當時，地方上的居民自然而然會吐露出這樣的話：

「砍伐神木遭處罰了。」

欅樹葉象徵的「記號」

欅（keyaki）的語源是「keyakeshi」，有「與普通明顯不同，醒目突出，鶴立雞群」的意思，也是「keyakeshi」樹的簡稱。樹勢如同手掌大開，經常會生長成巨樹的特質，確實都突顯了欅樹這種樹種的存在感。

會長成神木的樹種有各式各樣，如杉樹之類的針葉樹，常綠葉的樟樹都是，而落葉喬木的櫸樹自然不在話下。尤其在古代櫸木稱為「槻」，有神聖性，人們會在大王（天皇）王宮或官寺院內聳立的槻木下，舉行重要的儀式。《古事記》的雄略天皇記中，記載了十分有名的小故事。

——天皇在長谷的皇居（泊瀨朝倉宮）的大櫸樹（百枝槻）下舉辦新嘗祭*後的宴會。某位宮女倒酒時杯裡浮著葉片，但宮女沒發現，還是將酒倒入。天皇見她粗心立刻大怒，把宮女按倒並且拔刀。宮女說：「奴婢有話稟告」，然後吟頌了以下的歌。

「……宮殿的新嘗屋旁有棵長出無數枝葉的大櫸樹。上方的樹枝蔽覆了天，中間的樹枝蔽覆東國，下方的樹枝蔽覆剩餘的角落，就宛如開天闢地的故事一樣珍貴可喜，一定會成為千秋萬代傳唱的題材。」（意譯）

歌詞裡到處散布著詩意的比喻，請各位先注意到櫸樹的枝葉覆蓋了天，覆蓋了地上各個角落的表現方法。詩中把這枝葉繁茂的樹勢直接放大規模，頌讚它是聳立在世界中心的世界樹。

然後是這個場面——

說到新嘗祭，在「稻米之國」的日本，新嘗祭可以說是統治者最重視的國家祭典，之後舉行的「豐樂」，則是舉國一同慶祝收穫的盛宴場合。

在此，我們將焦點集中在象徵性的「天皇酒杯裡浮起的一片槻葉」上。

宮女雖然觸怒了雄略天皇，但是她吟的詩歌卻令天皇轉怒為喜，整個場面也洋溢了祥和之氣。為什麼呢？因為歌中說，櫸木的落葉與開天闢地的故事不謀而合。記紀神話敘述的場面是這樣的：

「別天津神（開天闢地之初出現的神祇）授天沼矛給伊弉諾尊與伊弉冉尊二神，命他們

櫸木的紅葉。不同個體的色澤也有所不同，有的會變紅，有的轉黃。

*：收穫稻米之後，天皇用新穀祭拜天神地祇，感謝恩賜，並且祈求來年豐收。結束之後天皇也吃下穀物。

將漂浮的大地固定下來。二神站在天浮橋上，以矛攪動渾沌的地面，矛尖滴落之物凝聚起來，成為磤馭慮島。」

櫸木的落葉讓人想到「矛尖上滴落之物」，它等於是感應到遠祖神祇一脈相傳之天命的「記號」，象徵天皇治世的繁榮。這便是宮女的唱詞。

可是，為什麼是櫸木呢？

第一，櫸木是聳立在村落的巨樹代表，再者，也因為它是春天會發芽，秋天葉片轉黃凋落的樹。自不用說它與稻作的一年周期同步。這麼說來，新嘗祭時期與櫸木落葉的重疊並不是偶然。正是因為人們把它當成象徵結實豐滿和收穫的聖樹，所以宮殿的新嘗屋（天皇舉行新嘗儀式的殿舍）才會有一棵櫸木大樹，不是嗎？

不管怎麼說，重要的是，百姓廣泛的認知櫸木巨樹的象徵意義，也廣泛的共享。有關野間的大櫸樹故事，最重要的就是證明了這一點。

矗立在國道旁十字路口的「大神」

一說起滋賀縣長濱市的高月町，喜愛佛像的人都會知道那兒有座向源寺（渡岸寺觀音堂），裡面安放著十一面觀音立像。但是，我一直到最近才知道，高月町還保有另一個物件，堪與這尊被評為日本雕刻史上最高傑作的名像並駕齊驅（作者比）。

從關之原穿過琵琶湖北濱，沿著往越前福井的國道三六五號旁的十字路口，它突然出現了蹤影。

「野大神」。石柱上如此記載的大櫸樹。

這景象平常很少看到，雖然立著氣派的標石，但是，別處根本很少聽過「大神」稱號的神木。

最特別的是，從外觀來看，它也是「不同凡響」。一柱擎天的樹幹，在離地三—四公尺的高度分叉成V字形，繼續往旁邊伸展出無數枝條，從側面看，宛如一只放在地上的鐘。與其說聳立，更像是端坐不動的味道。再加上樹幹長了大大小小的樹瘤，它們長相怪異，但卻營造出某種滑稽的表情，是一種一見難忘的樹相。

另一個印象是掛在樹幹分歧處的御幣。白色的御幣插在用來曬衣的竹竿上，驕傲的標示著，這裡是神的寶座。

「野神（野大神）」到底是何方神聖？

住在關東的人可能感到陌生，但是在近畿一帶的農村，其實並不罕見。許多地方會拜樹木，說到其神格，多被冠上了山神、田神或者荒神*等的個性，並沒有完整的輪廓。

再三調查之後，發現以舊高月町為中心的湖北地方（主要是長濱市），有野神、野大神、野上之森等稱呼的景點，數起來超過四十個。

試著在谷歌上打入「高月町野大神」搜尋，出現四個地點。我眼前看到的野大神（又叫做「柏原的大欅」或「八幡神社的欅樹」）只不過是其中之一。而且，樹種還不只是欅樹，其中有兩棵是杉木大神（「唐川的野大神」、「高野神社的野大神」）。

雖然是我自己才疏學淺，不過野神的信仰世界所展現未曾想到的寬廣，令我一時不知所措。但是我敢肯定這塊地方，最初一定與欅樹有很深的因緣。

「高月」這個地名，以前叫做「高槻」。

平安時期末年，同時也以學者、歌人聞名的公卿大江匡房到訪此地，他喜愛月色，將它

高月町柏原的「野大神」（依據滋賀縣設置的解說牌，稱為「八幡神社的欅木」）。長濱市舊高月町與欅樹結緣甚深，這是從側面看代表該町的「野神」。

*：日本的民間信仰，在關西到四國九州之地，將樹木或大樹下的塚稱為荒神。

野大神
保存樹指定樹木標
ケヤキ
22m
8.96m
300年以上

寫進詩歌中，因而高槻才改名高月，但原來地名中的「槻」字，即源自於高大的櫸木。

證據就是JR高月站附近奉祀的神高槻神社。

相傳這座古社淵源自奈良時代天平年間，天兒屋命神降臨在此地的槻木大樹上。這在平安時代前期的官方文書《延喜氏》中也有記載。那棵大樹已不復存在，亦不知何時消失。但是自古以來祭祀櫸木巨樹的傳統，在湖北各地衍生成野神信仰一脈相承下來。

其中，前述的野大神「柏原大櫸／八幡神社的櫸」，從它的大小來說，可以算是代表舊高月町野神的巨樹。附帶說明，柏原是這個地方的字名*，八幡神社的社院其實在這棵樹的後面，與其說這棵櫸木是神社的神木，它本身更像是獨立地區的守護神，是柏原的野神。

這是因為在十字路口、水田旁、村落邊界等地，可以看到與這棵站在國道旁的樹一樣，都叫做野神。真的是「在野」的神，祂們並非坐鎮在鎮守森林，而是出現在日常場域的神。

尤其是高月的野神，是執掌農耕，尤其是稻米豐饒的神，每年八月十六日舉行的野神祭，據說與流過村落東側的高時川灌溉，有密不可分的關係。

事實上，柏原的「野大神」正好位在從高時川引水的灌溉水源分歧點，還留下一「神話」解釋那些碩大樹瘤的由來。

「高時川快要氾濫時，民眾用了這棵樹的樹枝築堤阻止洪水，留下的痕跡就是現在樹幹上的樹瘤。」

（右頁）從有石標的正面，瞻仰「野大神」（野神櫸）的圖。現場的解說牌寫道，樹幹樹圍八．二公尺，樹高二十二公尺，樹齡推測為八百年。插在竹竿上的御幣，是本地祭祀野神的共通作法。

*：字是行政單位之一，排列在市區町村之後，番地之前。

雙雙並立的「畑木」與「田木」

〈有關高月町「野神大神」的考察〉一文中寫了以下的論述：

「野神大神從其位置所在，可以大略分成兩種類型：1位於山麓與田地、村落的邊界靠山麓側；2鄰近河川和農業水渠。」湖東、湖南都屬於2的類型，反映出對水田稻作所需之農業用水的感謝，以及旱災、水利、爭水、洪水的歷史與記憶。

翻開手邊的《漢語林》，「野」屬於形聲字，有「廣大悠然鄉里」的意思。

而民俗學家柳田國男則把「野」定義為「山麓和緩的傾斜，一般稱為裾野者，即相當於野」。（《地名研究》）

不管它指的是什麼，但是，在山林占據大半面積，只能在有限土地耕作收穫的人來說，從「野」處取得水利，活化土地潛在力，便是所有求生之術。

因此，對土地的開拓者來說，誠心祭拜土地的先住主人——巨樹，祈求收穫豐饒，自然是優先於其他任何事物的活動。野之神也叫做農之神，選擇櫸樹作為它的象徵樹，應該不是偶然。

＊

近年，山梨縣北杜市因市鎮合併而擁有廣大的面積，其中的舊須玉町江草地區，有個小村落叫根古屋，村裡有座根古屋神社的小社。用地在西方可俯望西鹽川的坡地，地點很難取得縱深，十分狹隘。但這裡有兩棵驚人的大欅木。

它們並肩而立，彷彿將面對小路而建的木殿和神樂殿夾住一般。

解說牌上寫：面向兩樹，右樹樹圍一一．九公尺，左樹一〇．一公尺，傷痕累累。不過走近前看，它的碩大還是讓我張口結舌。一雙大樹立於本殿前猶如護衛的景象，我見過的也不少。不過能誇示這種規模的，應該別無其他了。

據解說牌敘述，兩樹的樹齡都有八百年，《山梨縣神社誌》更稱有一千數百年。不管哪個正確，重點是先有神社，還是先有神木呢？另外，是湊巧生成一對，還是刻意種植的？心中湧出許多疑問，由於神社的由來不明，這些疑問恐怕也找不到答案。

不論如何，既已經是一雙，在這處就會誕生出特殊的信仰。

面對兩樹時，右邊叫做「畑木」，左邊叫做「田木」。據說按地方上的習俗，春季時看哪棵樹比較早發芽，來占卜當年的凶吉。也就是說如果畑木先發芽，旱田會豐收，而田木先發芽，水田會豐收。

這件事也記載在江戶時代文化十一年（一八一四）出版的《甲斐國志》中，似乎是流傳已久的習俗。雖然看起來只是純樸的迷信，不過利用每年的經驗法則，也許也有相當的說服力。以筆者來看，這裡的欅樹也成為土地與民眾之間的媒介，擔任探測器的角色，這個事實令人感慨良多。

根古屋（又叫根小屋）的地名，在關東相當常見，它們全都源自於建有城堡或公館的山城腳下所建的大官府邸。江草的根古屋也是一樣，背後的山頂建有從中世留存到戰國時代的獅子吼城。

展開地圖，即可清楚看到這裡是要害之地。有城的山聳立在鹽川與湯戶之澤川的匯流點上，隔著鹽川的對面，就是連結甲斐與信州的穗坂路（小尾街道）。

室町時代，隸屬甲斐武田家族的江草氏在此建城，發揮了重要中繼烽火台的功能。武田

攝自根古屋神社社前。前方左側是「根古屋神社的大欅」中的「田木」，隔著神樂殿的右後方是「畑木」。

根古屋神木的「畑木」（國家指定天然紀念物）。樹圍十一．九公尺．樹高二十一公尺。從馬路上看它．滿身瘡痍。從社內的角度看．則姿勢雄偉。一旁的巨岩讓人連想到神的磐座（左頁）。

氏滅亡後，北条氏進駐屯兵，但是德川家康的重臣服部半藏率領伊賀軍夜襲攻陷，成為甲斐國最後一場戰事。

根古屋地區，原本是獅子吼城主江草氏臣民安居、提供生活物資的據點。相對於軍事據點的城堡，祭祀氏神的根古屋神社，則是治理領地的據點吧。保留了「江草」地名的附近一帶，是不是過去的領地，已經不可考，但是這棵大櫸樹，對城下臣民而言便是象徵，一般咸信，神社是加深一族團結的地方。

至今五月三日的例行大祭中獻神的神樂，便是讓人有此想法的原因之一。這裡和其他山地城鎮一樣，人口不斷在流失當中，但近年來，人們又重新經營起獻神的神樂，有十六名團員合作致力於保存傳承。華麗的舞者衣裳，是團員自己帶來的和服碎片拼接而成的。

他們演出的節目有二十四部，「天鈿女乃舞」、「猿田彥乃舞」、「劍乃舞」……嚴格的遵守傳統，流程絕不省略。

當然，表演的時期與櫸樹茂盛發芽的時間相重合。從很早以前，人們聽著笛鼓演奏的神樂音色，仰望櫸樹，吸取嫩葉萌發的能量，細細思量著一年。現在各地都有為老樹進行防止枯死的治療，雖然有些樹令人心痛，但依然長出青翠的樹葉。不論是神樂還是櫸木，對生活在這塊土地上的人，都是絕對不能斷絕的事物。

（右頁）根古屋神社的「田木」（國家指定天然記念物）。樹圍十．一公尺，樹高二十三公尺。樹幹上半部被砍掉，與「畑木」同樣，療癒的痕跡明顯，伸展出結實的嫩枝。

大欅樹正面旺盛的枝幹，與背面可憐的傷痕，恰成對比。樹圍八．七公尺，樹高十九公尺，推測樹齡有八百年（引用解說牌）。

展現生死極致的野之大神

伊勢大神社的大欅（山梨縣北杜市）

據典故所說，日本武尊東征時經過此地，留下了天照大神靈代（神靈的附身物），當地百姓奉祀膜拜，才開啟了伊勢大神社的歷史。

八岳的南麓視野開闊的田園地帶矗立著一株大欅樹，因為毫無障蔽，成為四面八方都看得到的地標。建於樹前的社名碑暗示著，這棵樹就是神社歷史的證明。粗壯的樹幹呈現常見於老欅樹、如同妖怪的怪異長相，長長的伸展粗大的樹枝，其威儀果然堪稱「野之大神」。如此尋思著繞到後頭，卻大吃一驚，主幹約已枯死了七成，內部留下燒焦的痕跡，只剩下空洞。一棵樹卻有生死兩極的展現，極其壯烈的樹相。

日枝神社與大欅木，神木位在埼玉市櫻區大久保領家，所以稱為「大久保的大欅木」。日枝神社是舊領家村的守護神社，與附近的大久保冰川神社互為兄弟神，為開拓的祖神，受到民眾奉祀。

具有不尋常典故傳承的靈木

大久保的大欅樹（埼玉市櫻區）

欅木是代表武藏野地區的樹種，只要看到武藏國總社——大國魂神社（東京都府中市）或一宮冰川神社（埼玉市）參道的欅木林道，便一目了然。

這一帶的字名「領家村」的守護神為日枝神社，而神木就在鳥居後，像是看門的守衛般挺拔而立，它是埼玉縣內最大的欅樹。怪異的樹相吸引著我的目光。一看介紹牌，有「傳說是若狹的八百比丘尼所栽植，又叫做脛巾大神（HABAKI）」的文字。簡言之，據說活了八百年的外地神，拜祭大和朝廷流放的地主神（荒脛巾神，又稱荒吐神），就是這棵欅樹。細節不可考，但是如果沒有這種典故傳承，就很難解釋這棵靈木。

（左頁）埼玉縣指定天然記念物的大欅木，樹圍九．四公尺，樹高約二十公尺。樹幹內部遭雷電擊中，空了一個大洞，但樹勢十分旺盛。表皮長了無數的樹瘤，形成令人印象深刻的表情。

No.26

自巨樹懷中湧出的生命之泉

水源的大欅（熊本縣小國町）

熊本縣北端，流過小國町中心的靜川旁，出現一幅奇蹟的景象。可能數百年前曾有活泉自樹下湧出，附近的根雖被水壓截斷，但根部不斷向側邊伸展，以致形成欅樹與水源共存的景象。注視水面可見泉水至今依然不絕湧出，無數的稚魚悠游其中。

奉祀在湧水池畔的水神，叫做「招來福運、欅木水源的水神大人」，解說牌上寫，以前來此參拜的人抽中了富籤，從此開啟了幸運的連鎖，至今未休。也就是說底部肥大的神木懷中湧出永遠不竭的泉水，也成為開運或福澤的源泉了。真不愧是能量景點。

大欅木與水神大人，祠堂邊供奉了一尊惠比壽像。「人們相信這尊水神大人能招來福運……在戰場上撿回一命的人、挖到溫泉的人、中樂透的人等……福氣的故事到今天依然不絕。」（解說牌）

（左頁）欅木有著底部肥大的樹形，因從樹下湧出來，所以叫它「水源的大欅」。根據環境省的數據，平視的樹圍有六．五公尺，樹高二十公尺。

No.27

大分的長湯溫泉以「世界數一數二的碳酸泉」聞名，在其西北三公里，有座籾山八幡社。其前身是景行天皇征討九州土蜘蛛時，祭拜祈福的三社之一（《日本書紀》）直入物部神社，在此之前既已創祀的話，歷史相當古老了。

四周充滿了古色古香的神聖氛圍，巨大杉木在布滿青苔的石階參道兩側連成一排，拾級而上，後面出現一株樹瘤處處的櫸木大樹枝，正在向參拜者招手。以估計都有數百年數齡的杉樹為前導，站在後面的大櫸樹雖讓各種植物寄生其上，卻仍展現了繁密的枝幹。朝著參道露出最大的樹瘤，懷抱著古石祠的大櫸樹，好像在向大家宣示，它是這片神域的主人。

籾山八幡社的參道。神域入口的鳥居前，左右各有兩棵杉樹，石階參道的兩旁，並排著六棵「籾山神社的林道杉」（市指定文化財），大櫸木則在最深處等待。

（左頁）「籾山八幡社的大櫸木」（縣指定天然記念物），光是樹瘤有的寬達四公尺，厚度一公尺。突顯出這棵樹的威嚴，同時，與收藏在凹洞中的舊石祠合為一體，形成一幅景色。

（一三八頁）從正面所見的大櫸，樹圍八．九五公尺（樹瘤下靠近根部的樹圍則有十一．二五公尺），樹高三十三公尺。離地高度約七、八公尺處，有數枝滿布肥大樹瘤的樹幹分枝呈放射狀生長，甚為壯觀。

No.28

第二章

走不完的神木之旅

難波的世界樹

住吉大社的千年楠（大阪市住吉區）、薰蓋樟（大阪府門真市）
葛葉稻荷的樟樹（大阪府和泉市）、玉祖神社的樟樹（大阪府八尾市）

巨樹傳說與楠木

世界各地廣泛的流傳巨樹信仰，到處都聽說過「世界樹」聳立在宇宙正中心的神話，尤其北歐神話中名為「尤克特拉希爾」的世界之樹，可堪代表。

那棵樹貫穿天、地（人間）與地底三個領域，世界圍繞著這個中心軸，周而復始的破壞和再生。而置身其中、環繞人間的世界蛇，是神話中頗令人印象深刻的描寫。

日本也有些巨樹的傳說，讓人聯想到世界樹。

「仁德天皇治世期間，免寸河以西，有一棵高大的樹。朝陽照到樹時，樹影可以到達淡道島（淡路島），夕陽照到樹，可越過高安山。有一天砍下這棵樹造船，造出一艘極快速的船，船取名為『枯野』，使用該船早晚汲取淡道的清水，獻給天皇。」（《古事記》，現代文譯）

樹蔭西到淡路島，往東超過大阪與奈良縣境的高安山（標高四八八公尺），所以它的規模實在難以想像。

當然，我不認為現實中真有此樹，但姑且不論神話的誇大，也許真有巨樹能勾起這樣的想像。事實上，它的起源地就在大阪府高取町。

No.29

北歐神話中的世界圖，中央聳立著世界樹，地面被世界蛇團團圍住（English translation of the Prose Edda from 1847, by Oluf Olufsen Bagge）。

據該町等乃伎神社的典故，「（從古事記的傳說）自古老史前時代的樹靈信仰，與彌生時代祭拜夏至從高安山升起的旭日，都是以此地作為祭祀場所，也就是說，它是太陽信仰的聖地。」現在並沒有可以引發這樣聯想的巨樹存在，但是如果有可以擔負祭祀之責的巨樹的話，到底會是哪種樹呢？如果要下結論，十之八九就是楠木。

楠木原本並不是日本列島自生的樹種，一般咸信是史前時代，南方（尤其是長江以南）乘著暖流渡海來島者帶進來的。

因此，在日本，深山或高山上少見楠樹，大樹多接近鄉里，尤其是保留在社寺的院中（以及神社森林）。反過來說，因為長在院內才能留下來變成大樹，最後成了神木。

自古以來，楠木大多用來當作造船的建材，全國挖掘出的古代獨木舟中，在大阪市內出土的船全長超過十公尺，這些獨木舟的建材全部都是楠木（前面提到的「枯野」也是吧）。為什麼選用楠木呢？那是因為在日本生長的樹木當中，楠木是長得最大的樹種。

住吉大社的神社林便述說著楠木的來歷。

自古墳時代（仁德天皇的時代）開始，人們就將此社奉為重要港口住吉津的守護神，敬拜它為航海之神。院內包括了「千年楠」（樹齡約一千年）和「夫妻楠」（樹齡約八百年），以及許多樟樹的巨木、老樹。

住吉大社是日本代表的古社之一，但最初也許只是為了祭祀寄住在樟樹森林的神。這是因為對以海為生的百姓來說，支持保佑航海安全的船，就是樟樹的分靈，因為對他們來說，樟樹是掌握生殺與奪大權的神明。

順帶一提，傳言「千年楠」的樹根住著白蛇，所以也發送以白蛇和樟樹為主題的護身符。

豪邁翻騰的大蛇

為了追求「日本世界樹」的原始形象，我來到了三島神社。

大阪捷運門真南站下車，靠著地圖走在對大都市近郊印象貧乏的住宅區，沒多久，便遠遠看到蒼鬱的森林。

但是那不是森林，而是一棵樟樹。

驀然出現在住宅區正當中的龐大樹身，讓我走進神社內一時無法動彈。院內雖有瑞垣*1圍住的神域，但是大樹不只圍牆收容不了，還朝著四面八方伸出粗大的樹枝。瑞垣與神木的規模差太多了。

瑞垣的正前方有兩道門，各別連接到本社和攝社*2，不過矗立在兩社之間的神木體積實在太大，社殿反而像是附屬建築。這次採訪中經常帶著「神社先建？還是神木先建？」的疑問，但這裡肯定屬於後者吧。

話雖如此，為了保護根部，大多不讓人靠近神木，但這棵卻能近距離瞻仰、觸摸，令人感恩。環樹路徑有部分設置了木棧道，有根部的地方以沙土掩蓋，看得出很用心保護樹根。

神木的名字叫「薰蓋樟」，源自於江戶時代末期的公卿千種有文寫的和歌歌題：

唐土勁松亦不如
此楠遇雨好遮蔽

薰蓋樟的意思可能是樟樹枝葉繁茂常綠，如同一只綠蓋，而且散發特有的薰香味（含有樟腦的香味成分）。

走近一瞧，更加吃驚。樹圍約有十三公尺。如同巨石的樹幹，縱橫開展出難以稱為枝的

（右頁）住吉大社的神木，通稱「千年楠」，樹圍九・八公尺，樹高十八・五公尺。攝影：大嶋俊樹（「for Travel」）

矗立在門真市三島神社玉垣內的「薰蓋樟」（國家指定天然記念物）。樹圍十二・五公尺，樹高約二十五公尺。告示牌寫的推測樹齡為一千年（次頁同）。

*1：神社建築垣牆的美稱
*2：等級次於本社的小規模神社，祭祀與主神有深刻淵源的神明

御神燈

粗枝，「樹齡至少一千年以上」（解說牌）主幹內部已呈空心，但是樹勢和樹皮都還老當益壯，呈鱗狀樹皮的粗枝豪邁翻騰的姿態，宛如活生生的大蛇。

這塊土地位於大阪北河內地區，在太古時代原本沉在河內灣的海底。

不久後，由於河流搬運的砂土和水流，使海水逐漸轉變為淡水（河內湖），到了彌生時代之後，開始有人定居。奈良時代，為了防範淀川洪水屢次進犯這片土地，展開日本首次大規模的治水工程。尤其是神社內一帶本是低窪的濕地，至今周邊也有數條河川流經。三島神社的社名源自地名「三之島」，由此可知當時是塊什麼樣的土地。

很可能當初是選定這塊樟樹繁盛的地方，建社創祀，奉為地主之神吧。成長為巨樹的樟樹，對地方百姓而言，肯定是象徵安定豐饒大地的軸心，眾人倚靠的象徵樹。

解說牌上有寫：「大正年間裝設電燈時，將阻礙立電線桿的樹枝割除，施作者事後腹痛不已，此後便盡量避免樹枝的修剪。」（原文）

神木的處罰相當溫和，也許是居民與神木一向關係良好使然吧。

之後，一九三四年的室戶颱風造成莫大的損害，昭和後期住宅區的開闢和高速公路建設造成地下水枯竭，樹枝失去元氣，葉片也枯黃。居民們組成保存會，規劃在社院內開鑿水道等計畫，好不容易才讓樹勢復原。

此外，解說牌上還寫著：「自古每年會在根部灑上四斗樽的酒作為肥料的慣例」。

這真的只是「肥料」而已嗎？

該社的主祭神是大穴牟遲神*1，以前叫做山王權現*2。若是如此，它的根源來自大和（奈良縣）的三輪山（大神神社）。若說是三輪山的神（大物主神，也就是大穴牟遲神），乃是釀酒的神，據說會化身為蛇體現身。另外，大神神社中有名為「巳之神杉」的神木，所以按

從前頁對向的角度。瑞垣內部除了本殿外，也供奉稻荷社。參拜兩社，也繞神木一圈，可以直接觸摸樹皮。

＊1：日本神話中的神祇，全名為大國主神，有許多別名。
＊2：山王權現是日枝山山岳信仰與神道、天台宗融合的神。

習俗，會獻上（蛇喜愛的）雞蛋和酒作為供品。

既然如此，也許前人認為大穴牟遲神神靈寄身的神籬（附身物）——薰蓋樟的根部，也有巳神（蛇）棲息，所以才會獻上神酒作為供品。如果確是如此，薰蓋樟就更接近「世界樹」的概念了……。看著容納一切的樟樹樹冠，我不禁浮想聯翩。

白狐棲息的兩千年老樟樹

在述說樟樹營造的神祕感、妖媚魅力時，絕不能缺少信太森神社，俗稱葛葉稻荷神社的神木。

清少納言的隨筆散文《枕草子》（平安中期撰寫）中有一個主題〈物盡〉，列出所有感興趣的詞語，其中之一「森林」中，列舉了二十一座森林，如「大荒之森。忍之森。心陽之森。木枯之森。信太之森……」。

其中的「信太之森」，自平安時期就是有名的景點。藤原定家、後鳥羽院、西行法師等顯貴名士在吟詠和歌時，經常把它作為表現深林的歌枕。

為什麼「信太之森」受到關注呢？原因之一是這個地方正處於住吉大社到聖地熊野的熊野街道要衝，平安朝末年，因上皇行幸而繁榮，中世時期掀起熊野參拜的熱潮，稱為「蟻之熊野詣」，迢迢長路上，信太森林必定成為印象深刻之處而大受讚譽吧。

不管怎麼說，這裡都是個會令人產生遐想的特別之地。

在JR阪和線的北信太站下車，徒步約四分鐘便來到那座森林，相隔二十多年重回故地，與當時相比，森林的影子感覺淡薄了一點，打聽之下，原來二〇一八年九月的強風吹斷了多處樟樹樹枝。

但是，端坐在院內中心的老樟樹，依然以不變的剛猛姿態相迎。

據說，樹齡已有兩千餘年，從根部便一分為二，所以有一稱「夫妻楠」，由於四方枝繁葉茂，因此也叫「千枝之楠」。據說這個稱呼是一千年以前的時代，由花山天皇（九六八－一〇〇八）所授予（〈信太森千枝樟〉），當時便已有「千枝」，樹齡大概是從這裡推測的嗨。老樹的存在感自不在話下，事實上，原本的主幹不明原因倒塌，同一位置新長出樹幹後才有了今日的榮景。

老樟樹的跟前有上下兩對神狐像守護在側，上側的一對嘴銜書卷與寶珠，兩狐之間有石祠，掛著「楠本大明神（白狐之神）」的木牌。

實際上，這個加了括號記述的白狐奇譚，讓信太森的名號更加響亮。這便是俗稱的「葛之葉物語」（〈信太妻〉），闡釋平安時代的陰陽師安倍晴明身世的人狐戀，近代成為各式各樣文藝領域的創作題材。

＊

從前，阿倍野鄉下住著一個年輕人，叫做安倍保名，每天都到信太之森參拜。有一天，為了解救一隻被獵人追趕的白狐狸，挺身與獵人們爭執，受傷失去了意識。等他清醒卻發現身旁有個美麗的女子，自稱葛之葉。不久，兩人結為夫妻，並生下男孩。但是，孩子五歲的秋天，睡在一旁的葛之葉一時粗心，露出了狐狸的真身，嘴裡銜著筆寫下一首詩後離去。

「想念時便來尋，和泉處　信太之森遺恨葛之葉＊」

保名喚著妻子的名字來到信太之森，只見林中的葛葉露出葉背晃動，宛如在哭泣……。

（抄譯）

（左頁）信太森葛葉稻荷神社的樟樹。一名「千枝楠」。解說牌上寫，樹圍十一公尺，樹高二十一公尺。一般認為是中央的主幹喪失後，樹幹分成兩枝成長。上圖是從正面拍攝，下圖是從背面。

＊：由於葛之葉葉背呈白色，此處的遺恨也有『見背面』如見白狐之意。

楠本大明神
（白狐の神様）

＊

信太森林自古就是聞名的靈狐巢穴，江戸前期的紀錄中有「中村莊屋府邸內，有裏見葛葉，有大藪，狐多棲於內。有千枝之楠樹，有若之御前之宮，多有狐之穴」（《泉邦四縣石高、寺社舊跡與地侍傳》元祿九年〔一六九六〕）。

這裡的「有裏見葛葉」一詞，說明了葛之葉狐（白狐）已經是家喻戶曉的傳說，而且不知何時，傳說與名樹「千枝之楠」結合在一起，認為白狐會從樹洞中出現。

附帶一提，早在平安時代就已有狐狸會化身為人、附在人身的形象，不久之後，這神祕的屬性與稻荷信仰結合，為密教或陰陽道的咒術所吸收。人們認為安倍晴明的靈力，應是來自棲住在樟樹靈木中的靈狐。

老樟樹現在在分叉處有個大傷口，尤其是往左邊伸展的枝幹，漸漸失去往日的榮景。我在樹旁瞻仰了一圈，順便參觀了進出此社的稻荷行者的修行場和石塚（修行者個人奉獻的石碑）、與葛之葉狐有淵源的自照井等。另外還有個比較新的石社「楠木龍王」，它的來歷（楠木龍王二柱大神的由來）記載如下：

「昭和五十三年六月五日傍晚，巨大的聲音響徹社內，千枝大楠的大樹枝折落，撞碎了下方的石燈籠。趕來社院的人見此慘狀全都嚇傻，暫先收拾了現場過了一夜。第二天，成田氏準備鋸斷大樹枝時，樹枝下兩條白蛇失去氣息，已然死亡。當夜成田氏就寢時，腦海中竟神奇的出現龍神的姿態，輾轉難眠。第二天，在神社院內建立神殿，奉祀楠木龍王二柱大神。」

令人驚訝的是，千枝之楠不只是靈狐的藏身處，竟然也是蛇神（龍神）的棲息地。不管怎麼說，在靈獸的信仰中，蛇神的起源本就比狐狸更早，兩尊（柱）蛇神的出現，也許正揭

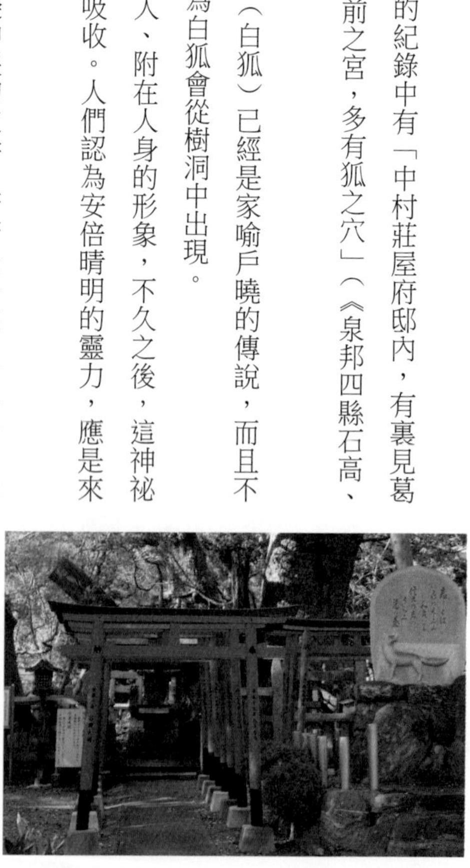

連接到「楠木大明神」正面的朱紅鳥居，側邊有「想念時便來尋，和泉處信太之森遺恨葛之葉」的石碑，為淨瑠璃「蘆屋道滿大內鑑」中有名的一節。

開了信太森林靈木背後「主人」的真面目。

「長出」石棒的御神體

前往八尾市神立的玉祖神社，為這次大阪樟樹之旅畫下句點。

玉祖神社坐落在生駒山地的山腰，從近鐵信貴線的服部川站下車，前往神社的參道不久就變成了陡直的上坡路，參照地圖，我發現這條參道旁散布著無數的古墳。

八尾市立歷史民俗資料館的小谷利明館長告訴我，「以前八尾是日本的門戶之一」。

遠古時代，船隻從西邊經過河內湖過來，會在此地上岸，「就是現在的倉庫街和大使館林立一帶。」館長說。住在東京近郊的筆者很難想像，生駒山地的西麓一帶，串連了建立古代王朝的河內（大阪南部）和大和（奈良）之間，是個在歷史上具有重大意義的地區。

山坡上並立著石牆圍繞的民居，也是聞名的「神立街道」，穿過這片美麗的景觀綿延而上的參道，進入最後一段陡坡。氣喘吁吁的走到坡上，終於看到玉祖神社的鳥居，和雄壯挺立的樟樹在等著我。

樟樹聳立在通往神社本殿的石階旁，樹幹樹圍八．五公尺，樹高二〇．六公尺，仰頭眺望時，它的巨大似乎超出了數字。出現於地面立刻像豎起三指般分叉，一枝往石階伸展，看起來像在招呼參拜者。

但是，轉到樹的背面，卻是另一幅驚人的景象。

從根部往上約數十公分處，樟樹幹中竟然「長出」石棒，這句話就表現而言有點怪異，不過，那具「御神體」真的只能這麼形容。石棒以注連繩圍住，前面放著一片石台放供品用，

玉祖神社入口的樟樹（「玉祖神社的樟」）。它站在參道石階旁，彷彿在俯視參拜者。從地面沒長多少就分成三枝樹幹。

一看即知有人祭祀祂。從那個樣子看來，很自然會認為應該是把它當作表現陰陽合體之相的性神來膜拜。不過該神社的清水定男宮司說，不只是神社會舉行祭拜，「體力不濟的男性會來撫摸祭拜，女性也會來求子」，所以視個人的信仰而定。

樟樹與石棒的結合，從現象來說，大概是樟樹生長過程中將石棒包住，黏連、結合而成吧。話雖如此，但是這塊石頭最初到底是什麼？為什麼會在這裡？再更深入的想，到底是先有石頭，還是先有樹呢……種種疑問湧上心頭，但是這附近沒有任何線索，不得而知。

從其形狀和表面的磨蝕狀態，這個石造物相當古老，看不出石碑的跡象。讓我直說的話，我會聯想到作為神靈依附的石神，或者是陽石（男性陽具形的石頭）或道祖神之類。

而且，在古樹根部祭祀石棒的形式，在信州（長野）諏訪的御左口神（石神）信仰中也可見到。一般認為它是基於神靈（御左口神）降落在樹上，住在石中的信仰（《古代諏訪與御左口祭政體的研究》）。

從文化背景的不同來考量，將信州的民俗信仰形式，套在河內的信仰形式也許有點勉強，但是清水宮司也說「（石棒）放在這裡並不是當作膜拜對象」，只是單純當成石頭。

既然如此，用「靈石＝與神籬合體的御神體」來解釋就沒有問題？

另外，玉祖神社相當悠久，二〇一〇年才迎接建社一千三百年，社傳中說，和銅三年（七一〇）從周防（山口）的玉祖神社拜請分靈過來，主神是玉造部*的祖神天明玉命（櫛明玉命）。

「神奇的事很多。」宮司道。

「『一三〇〇年祭』的時候，神社前跑出兩條蛇。還有，明明沒風，卻有沙沙聲。戰時還傳說，有人每天半夜一點來拜神，祈求出征的兒子平安歸來，後來真的奇蹟生還了……」

（左頁）「玉祖神社的樟」（府指定天然記念物）。樹圍八．五公尺，樹高二十．六公尺。根部包覆住「陽石」（石棒），成為信仰的對象。

*：古代從事玉器製作的職業部民。

又是有蛇出現──一問之下，據說傳言「樟樹樹枝有巳大人（蛇神）居住」。這次現身，一定會被解讀成神木中的神靈御使。

黃昏，回程從西邊走下參道時，遠遠將沉的落日與下方的大阪平原盡收眼底，看著這片美景，忍不住停下腳步。

我直覺這裡也是個特別的地點。

突然想到本章一開始的大樹傳說中提及的高安山，離這裡相當近。位置在歷史上連結難波四天王寺與平城京的十三街道上。再往下走，就是一連串代表本地區的古墳，如此要道上才有這樣的景觀。

這裡聳立了一棵特別的神木，看來應該有不小的意義吧。「神立」這個地名也是可想而知了。石棒下方，供奉著一對交纏的迷你白蛇像。

從玉祖神社俯瞰夕陽下的大阪平原。思緒飛馳在廣大內灣涵括附近的過往。

No.30

近江的廢村與聖樹

三棵杉、保月的地藏杉（滋賀縣多賀町）

連結神話時代與現代的大樹

巡遊神木所在的觀景之旅，雖然是從搜尋巨樹展開的，有時實測上並非太大的巨樹，但是有些在腦海中揮之不去的在意「場域」，我也會去看看。這次拜訪的就是其中之一。

那地方看來在深山裡的廢村集落附近，走起來並不容易，不過，只要有路，就沒有到不了的地方。抱著這種心理準備，我走進滋賀縣、湖東的山區。

*

多賀町是與多賀大社歷史一同發展的鄉鎮，如同民謠裡唱道：「拜伊勢就應拜多賀，伊勢大神乃多賀大神之子」，多賀大社這座名社供奉的是伊勢天照大神的父母，伊弉諾尊與伊弉冉尊二柱天神。

山路的起點是多賀大社東北三公里的調宮神社，該社乃是多賀大社的元宮，例行大祭典時神明暫厝的地點。而且，從那裡會連接到多賀大社的「初始之地」，所以我第一個目標就是那裡的神木。

《古事記》中如此寫道：

伊弉諾尊與伊弉冉尊一起創造天地，以此為基礎又生出許多神明後，在黃泉國與伊弉冉尊訣別，回到阿波岐原進行除穢淨化儀式時，生下了天照大神、月讀尊、素戔嗚尊三貴子，

調宮神社。為多賀大社的元宮，例行祭典時，仍為神幸多賀社的暫厝所。坐落在往「三棵杉」的入口附近。

功德圓滿，然後「坐淡海多賀」。

也就是說，神靈們的祖先伊弉諾尊，最後來到「淡海（近江）的多賀」，鎮守近江（滋賀縣）的多賀大社。

不過，多賀大社裡還流傳了《古事記》中未寫的前史。

伊弉諾尊從高天原降落在現在社地東邊的杉坂峠，休息片刻後，吃了當地老人獻上的栗子飯。飽食之後，祂把杉木筷插入地面，筷子立刻扎了根，生長成大樹。那就是多賀大社神木「三棵杉」（又叫杉坂峠的大杉或栗栖的杉樹）的由來。

擁有悠久淵源的神社，大多會流傳「初始之地」，而多賀大社的初始之地應該是杉坂峠（杉坂山）了。百姓將伊弉諾尊插杉筷成樹的地點視為神蹟記下來，舉行重現神社成立的祭典時，在該地生長的樹就成了起點。

多賀大社舉行夏日祭「萬燈祭」（八月三—五日）中，會在「三棵杉」底部設置祭壇，從鑽木取火開始，執行一連串的祭禮。火就是靈，鑽木取火便是神靈誕生的重現。

不管如何，前往「初始之地」的縣道一三九號（上石津多賀線），是一條質問初訪者是否有所覺悟的路。路面雖然鋪了柏油，但是只能勉強讓一輛車通過。不久，鑽過山表的小道沿路而上，出現陡峭的山坡，與車身的距離只有一個輪胎的寬度，如果對向有來車，一定會變成驚恐的狀態。幫我駕車的朋友也是心驚膽跳。

不久後爬上隘口，有個小小的停車空間（應該算是迴轉空間吧），一旁立著刻在「多賀神木」的石柱與「杉坂神木」的告示牌。

神木就聳立在下坡處。

大樹從離地三公尺處分叉，一如「三棵杉」的名字，另外還有一枝呈黏連的狀態。看起

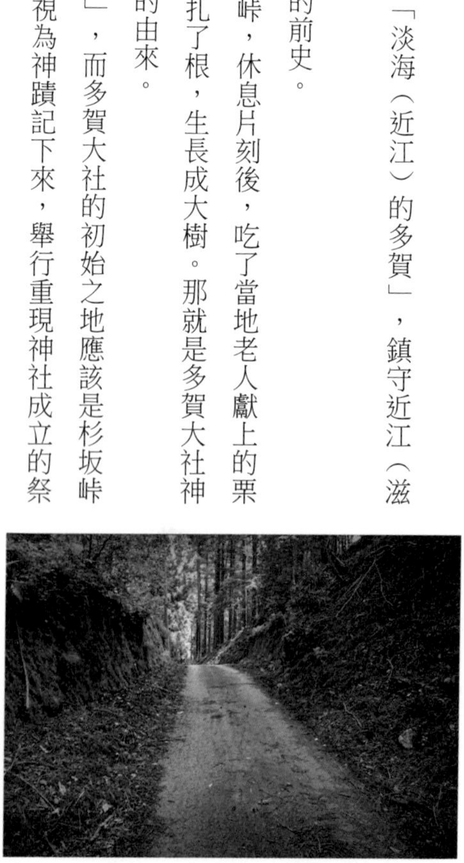

縣道一三九號，只能勉強容許單向車通過。沒有設置護欄的山崖路也是。

（左頁）從縣道往下不久出現的「三棵杉」（滋賀縣自然記念物登記的名稱為「栗栖的杉」）。樹圍十一・九公尺，樹高三十七公尺。從崖下仰望，更增雄偉。

來也像是合體樹，但是往坡下走，繞到後面抬頭看，「三棵」合為一體竄入天際。

我想拍下這一勝景，可是從地面往上仰角拍攝，結果拍出來的模樣，宛如高舉雙臂，威嚇逼近的巨人。而且因為它不是長在人煙處，而是山上的神木，所以特別具有野性的風味，是應該敬畏仰望的神木。

古老神社通常會將神最初降臨的山視為聖山，有時也劃為禁足地，但是很少見過聖山現在還留著神籬功能的神木。歸根究柢，這些有古老來歷的神社，其草創都得回溯到有史以前，所以除了特別的例外，要保有相當樹齡的神木有其困難。

事實上，縣告示板上說「多賀神木」的樹齡推測為四百年（但根據不明），與多賀大社草創時代不吻合。不過，就把它想成利用替代品維持「初始樹」就行了。坦白說，杉坂峠後面，以前有個「杉」的村落，那裡的居民似乎靠著守護「三棵杉」等杉坂的「多賀神木」為生。

這麼一想的話，「多賀神木」的確是維繫神話時代與現代的存在。

留在廢村隘口的聖域

我們繼續往隘口的後面走去，途中，發現了杉村落遺跡的所在，不過已經沒有人煙了。杉村與前面的保月村合起來，以前都叫脇畑村。但是一九五五年，併入多賀町，村落消失，終於也變得無人居住了。

在網路搜尋，舊脇畑村的廢村集落，這十年左右早已面目全非，想來也很正常，人們長年維持的景觀一旦不再有人住，就會走向被大自然重新吞噬的命運。一般皆然。

但是，有人不願任其荒蕪。

（右頁）從正面瞻仰的「三棵杉」。多賀大社以前列入的神木有十三棵，現在還有四棵。這棵是其中最大的一棵，也特別讓人感受到神木應有的威嚴和山中才有的野趣。

穿過杉村舊址，再度走一段上坡路，盡頭是座小小的地藏堂。祠堂本身雖然簡樸，不過花瓶裡供著花，祈願場依然保持如舊。考慮到村落的現狀，這座地藏堂能夠維持下來，堪稱奇蹟。這倒還好，最令人驚訝的是數棵杉木巨樹，宛如守衛一般聳立在祠堂周圍。

祠堂跟前兩側各有一棵樹圍五公尺左右的杉樹，如同仁王般屹立。祠堂背後兩棵在根部合體的大杉樹直入雲霄。前面鋪著鈴鹿山地特有的石灰岩白石，它們合為一體，形成一個「場域」。

在舊環境廳發行的《日本的巨樹、巨木林》中介紹過「保月的地藏杉」。從巨樹、神木的觀點來看，其他地方還有更大棵的樹。但是營造出場域的樹並不常見。它一方面來自杉樹本身的氣勢，也來自三棵樹密集一處，守護祠堂的安排。當然這樣的景觀，必定是經歷長久歲月才得以形成，並非自然而生。維持這個場域的存在，至今仍然細心打理，難道不是因為什麼特別的原因嗎？

隔著木格窗瞻仰的地藏菩薩，面容已模糊難辨，也許是因為原本放在室外，風吹日曬的關係。身在山林之中有點難以區別，不過，這裡是南北山脈之間鞍部所在的隘口，叫做地藏峠或保月峠。從琵琶湖方向來的人，這位置在保月村落的入口，因而把石地藏視為守護村落地的道祖神。

但是，沒有告示牌，毫無了解此地祕藏歷史的線索，不過，我的目光移向花瓶時，十字鑲圈的花紋上寫著這樣的文字：

「島津軍退路由此地至堺市港突破二百公里，切斯特，衝啊！」

「平成五年八月第三十四回關原戰跡」

（左頁）「保月的地藏杉」。跟前左右兩棵，祠堂背後一棵巨木杉，共計三棵，像是在護衛供奉石地藏的小堂。杉樹與小堂的組合，形成了祈禱的空間。

「保月村的張羅」是指——

說到「島津軍退路」、「關原之戰」，世人都聽過「島津的撤退口」。

——決定天下誰屬的關之原大戰中，島津義弘率領的島津軍，遭東軍各隊包圍，進退失據，但他們並未撤到後方，反而採取選擇了突破敵營，也就是直衝敵軍大本營的壯烈撤退。島津軍當時最多一千五百人（說法各異），最終只剩下八十餘人，不過主將義弘平安回到鹿兒島。

後來，這段故事都用來象徵島津薩摩人勇猛果決的精神。「切斯特」一詞正是表現其精神的打氣用語，每個鹿兒島縣人都知道。……這些我都知道，不過再怎麼樣都沒想到會在這種地方看到它。簡言之，這裡就是「島津的撤退口」的淵源之地吧。

調查之後確是如此，還流傳著這樣的故事。

義弘與島津隊一行，雖然付出慘烈的犧牲，但還是從關原南下，馬不停蹄的直行伊勢街道。在路上遇到因岐阜城失陷而撤兵，正返回家鄉近江的武士小林新太郎。在他的帶領下，島津兵一行從岐阜與滋賀縣境的五僧隘口，穿過舊脇畑村的保月等地，下山來到高宮（滋賀縣彥根市高宮町），因此這條路線又叫島津越嶺道。

島津義弘與小林新太郎同為與東軍對峙下不得不撤退的同志，兩人只能說奇緣難得。後來義弘寫了一封信給新太郎。

「此次承蒙指引山路，於保月村張羅，高宮河原寄宿，贈我軍糧等，可說有如神助。故贈手邊渡筒火槍以資紀念」（小林家保留之「忠平」（義弘乳名」）署名之感謝狀）。

這張感謝狀清楚說明，島津軍冒死撤退，若是沒有小林新太郎相助，絕難成功。儘管如

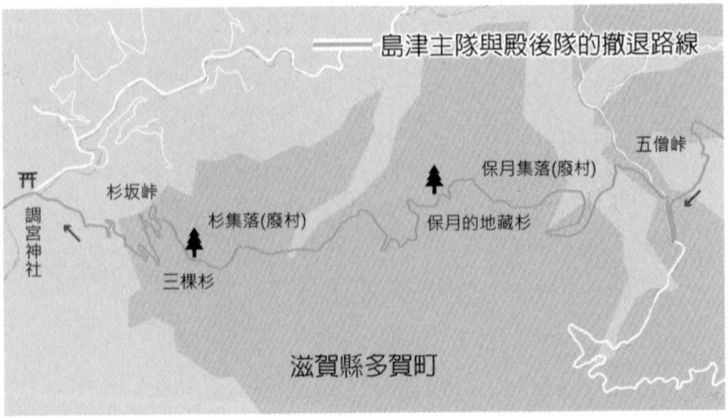

島津的撤退口（島津越嶺）的路線。島津軍在半路上分成主隊與殿後隊，在時村匯合，越過五僧峠，從保月經杉坂峠到達多賀。

此，筆者比較好奇的卻是義弘刻意寫出「保月村的張羅」一段。內容不明，但是接下來又分別寫到寄宿和軍糧（調運糧食），所以應該是其他的事。

此外，雖然在信中提到贈送火槍，不過酬禮應該不只這些。後來得知，前述的三棵杉叫做「薩摩杉」，傳說是島津家（或說薩摩藩）滿懷感謝而致贈的。

總之，不尋常場域的景觀，是因為與薩摩結下不解之緣才誕生的。

那麼，為什麼是這裡？「多賀町史計畫編纂委員會」的近藤英治先生推測，「之所以將杉樹種在這裡，可能是因為與保月的紀念性，及地形和地藏堂存在的關係吧。」但他也說「這裡種植薩摩杉的前後過程不明」，沒有任何線索。不過若是著眼於前述的感謝狀，很自然會想到它與「保月村的張羅」必有深切關聯吧。

緊靠殉難者亡靈的神杉

接下來是筆者的推測，島津很可能在這間地藏堂做了法事，以憑弔島津義弘姪子豐久，以及在「撤退口」犧牲的大量士兵。

這場撤退戰採用的戰法叫做「捨奸」，在退路上留下小部隊與敵軍作戰，全員戰死後，再重組新的小部隊，阻止敵軍爭取時間讓主隊逃離，是一種壯烈的棄子戰術。據說這時候捨奸的成員，並非義弘或家老指定，大多是志願者。

正因為如此，殘存者對犧牲者的哀悼之情必定深切。筆者認為，若要舉行追悼儀式的話，只有在經過五僧越嶺（島津越嶺）逃過追兵的這個時機點。

另外，地藏菩薩是一尊儘管在任何輪迴境地，都不忘救濟眾生的佛，也是生於修羅（戰

三棵「地藏杉」當中，最大的一棵在地藏堂的背後，為根部附近兩棵黏連而成，樹形宛如在守護祠堂。

門），無法蒙受阿彌陀佛之拯救的武士，可以託負「來世安樂」的佛。如果在這裡有「張羅」什麼，那就是透過對地藏菩薩的奉祀，辦一場將功德轉給犧牲者成佛的回向法會。小林新太郎找來了保月村僧俗，幫忙完成了這場儀式，不是嗎？

之所以敢大膽的想像那個場面，是因為薩摩杉造成的這個景觀，一定有其相應的原因（淵源目的）。

這裡所說的「薩摩杉」指的是「薩摩的杉木」吧？霧島神宮的神木（霧島杉）是它的原點。從那裡分株出來的杉樹，也等於是島津家及薩摩藩守護神的分靈。若真是如此，在地藏堂旁植樹守護的原因，便是為了表現出「島津軍殉難將士的亡靈與故鄉的神靈同在」之意。

另外，地藏杉連起薩摩與保月村落的因緣，還應該提到另一件事。

有關前面花瓶上的文字。上面刻記的是昭和三十五年（一九六〇）起，與島津義弘有淵源的鹿兒島日置市每年夏天舉行的「關原戰跡踏破隊」事跡。

這是由日置市小學五年級到國中一年級的孩子組織，巡迴探訪關原合戰故地與薩摩藩相關地，頌揚家鄉英雄的活動。其中的高潮，是用兩天兩夜時間，體驗島津軍合計七十五公里的撤退路徑。

二〇一九年，這項活動迎向第六十屆，接待小朋友的岐阜和滋賀各地也都早有安排，在各個到訪點舉行歡迎儀式和接待工作。即使是保月村，雖然廢村已久，已完全沒有人居住，唯獨這個時期充滿朝氣，彷彿停滯的時間又動了起來。

「『哦！來了來了！』十五時四十五分左右，終於看到關原踏破隊一行，爬上五僧越嶺道，比預定時間晚了一點，手持『切斯特，衝關原』的旗幟，全體戴著印有島津藩家紋的竹斗笠，所以遠遠的就認出來了。」（引自近藤英治的部落格）

接受保月民眾歡迎的踏破隊，現在也在舊村民們打理的照西寺接受茶點款待，稍事休息後，往地藏隘口前進。然後，在地藏堂前，隊伍宣讀代代相傳的祭文。

近藤先生表示，當初，關原踏破隊剛開始時，並沒有讓當地人知道，保月的人看到戴竹笠的一行人，都覺得莫名其妙。但是，第二屆時，民眾正好在這裡舉行地藏盆*，遇到了孩子們，相處甚為愉快，因為這個機緣，多賀町與伊集院町（現在的日置市）結為姊妹都市。

對保月的民眾來說，地藏堂具有重大的意義。

依據《脇畑史話》的說法，這尊地藏尊尤以「乳地藏」聞名，母乳稀少的婦女向地藏祈願便會分泌母乳，因此參拜者遠從京都或大阪齊聚而來。

悄然留在廢村裡的地藏堂和大杉樹，經歷了四百年幾度不可思議的緣分，留存到今日，直到今天，它們依然展現著令人目瞪口呆的奇景，彷彿是在呼應著薩摩與保月民眾的心意。

「關原戰跡踏破隊」在地藏堂前用來供花的花瓶。上面的記載將四百多年前的故事與地藏杉結合在一起。

*：地藏菩薩的緣日是每月二十四日，與盂蘭盆節最近的舊曆七月二十四日便稱地藏盆。

隱岐，島後的怪樹

岩倉的乳房杉、大山神社的神木、蕪杉、玉若酢命神社的八百杉（島根縣隱岐的島町）

獨立於「失落世界」的乳房杉

終歸一句話，我真正想看的，也許是在這平板而標準化的世界，能掀起一絲絲波瀾的違和感，或者是讓我體驗到落入歷史陷阱之困惑的事物。坦白說，從來沒有見過的景象、無法想像的世界，比較高的機率潛藏在「離島」。

為了看一棵樹過海到離島去，這主意不壞，但是需要一點勇氣。這次幸運的有了同伴和好友的幫助，實現了前往隱岐群島最大島——島後（全島屬隱岐之島町）的計畫。

不過，因為初次登島，再加上難得的機會和採訪作家貪婪的壞習慣，最後在島上未滿四小時間，跑了四個地方，看到了四棵杉樹。

一言以蔽之，我的感想就是走馬看花的巡禮體驗。正因為蜻蜓點水般的行程，理解趕不上當下的驚奇和感動，不過總合來說，四棵樹各有不同的個性，也分別體現出隱岐的自然、歷史以及信仰文化。

＊

從松江市七類港搭乘渡輪兩個半小時，接近島後的西鄉港時，望見島的主峰大滿寺山，它的後面，也就是山的北麓，有這次讓我下定決心登島的樹。

從國道四八五號進入縣道，在銚子水庫盡頭右轉，進入林道。林道是大滿寺峰（標高

No.31

渡輪從七類港出港後，自船上遠望隱岐．島後的西鄉港入口。

六〇八公尺）與其北側的鷲峰（五六三公尺）之間的山谷道。沿著蜿蜒曲折的山路進入森林後，不久，右手邊出現了大大小小的石塊堆疊的奇異景象，突然出現的告示牌告訴我們目的地到了。

一下車，打了個寒顫，開始下雨了，但是天氣並沒有驟變。還沒來得及想清楚原因，先下車的同伴發出「哦哦哦」的驚呼。我跟上前去，路邊鳥居後方，大約二十—三十公尺前的斜坡上，一棵樹奇形怪狀的聳立著，有如怪物一般。

這異樣的空間讓人聯想起科幻小說《失落的世界》，既無社殿、空無一物的岩倉神社裡，傲然獨立的「岩倉的乳房杉」成為受人祭祀的御神體。

雖然根據不詳，但是據說樹齡八百年。解說牌上寫：自地面往上幾公尺處向上分叉成十五枝樹幹，從枝頭垂下大小二十四個乳房狀的下垂根。最大的長二・五公尺，周圍也達二・二公尺。每年都會微微長大。

日本海沿岸常見的裏杉*會長出許多「J」字形的樹枝，成為一大特徵，據悉是為了適應積雪的重量和日照不足而形成的樹勢，不過像這樣懸吊著「乳房狀的下垂根」卻是別無僅有。

這種不尋常的樣貌，看來是此地特異的環境造就而成。

眼前的山坡相當於大滿寺山的北麓，原來這座山是玄武岩形成的火山穹丘，山頂崩落的岩石不規則堆積變成石礫場，因此缺乏表土，除了斑駁叢生的雜樹外，全都被類似莢果蕨類（粗莖鱗毛蕨）所占據。對伸展根部長大的杉樹而言，實在是極嚴苛的條件。

此外，這個玄武岩的石礫場又叫做「岩倉風穴」，豐富地下水冷卻的空氣從石縫中源源不絕的吹出來，一下車時感受到的刺骨寒意就是由此而來。這道冷空氣與對馬海流送來的暖空氣衝突，經常發生霧氣，使得景觀變得更加神祕莫測。事實上就是這種自然條件產生了「乳

沿林道出現的岩倉神社鳥居。二十公尺外的「岩倉乳房杉」（縣指定天然記念物）的堂堂威儀躍入眼中（次頁亦是）。樹圍九・六公尺，樹高三十八公尺。據傳說樹齡有八百年。

*：杉樹在不同的生長地，在樹皮顏色、裂法、樹形、樹枝長出角度、葉的顏色・形狀・長度等都會有很多差異，因而生長在靠日本海側的杉樹稱為「裏杉」，太平洋側的杉樹稱為「表杉」。

房狀的下垂根」。

總之，為了補充地底根部的功能，吸收空氣中的水分，所以才發展出另一種根。扎根在這麼不安定的石礫場，八百年來忍受風霜雪雨的異形老樹，被當成神木，和母乳之神來崇拜，也算是順理成章吧。

不過，為什麼是「岩倉神社」呢？突然萌生的疑問催促我調查了一番。在〈隱岐的文化財（第 2 號）〉中記載了這樣的傳說：

以前，人們將鷲峰削立成的屏風狀的斷崖稱為「鷲峰的岩倉」（神暫住的岩石，即磐座），敬畏崇拜，並且把山區的天然杉中最大等級的一棵當成神木奉祀。有一次，需要砍伐這個地方的天然杉，開始砍伐時，那棵神木發出巨響隨即消失無蹤。驚惶失措的鄉民到處搜索，就是找不到神木，反倒是發現了（大滿寺山麓）的「變形大杉樹」。鄉民認為神木移動變形，從此之後就膜拜這棵「岩倉的神木」。（節錄）

另一份資料提出岩倉神社的祭祀始於「大正末年，奧部天然杉釋出的時期」的證詞（《大山神社祭禮布施的山祭調查報告書》。奧部天然杉是鷲峰周邊現在仍有很多的天然杉。如果「釋出」與前面的「砍伐」是同一時期發生，兩個說法便吻合了。這些證詞暗示著「乳房杉」是在距今一百年前「發現」的。

雖然稱為神社，但是這塊神域除了樹立鳥居，在神木周圍用注連繩圍住，樹根部立起小小的御幣之外，沒有任何人工的痕跡，這應該是此島民眾祭拜山神的作派吧。多虧了他們，我們今日才能體驗到和過去島民同等的驚奇和發現。

令人遙想古代祭禮的原點

前面的傳說告訴人們，胡亂砍伐天然杉樹乃違背山神之意，也是引起「神不存在」的重大事件。

而「山神的祭祀相當於將代表該山的一棵樹當成御神體祭拜」的形式，頗為耐人尋味。隱岐並不是遺落在歷史角落的邊陲之地，自古代起，就是中央政府重視的海上要衝。另一方面，它將列島本土喪失的原始祭神習俗原封不動的留傳至今。接下來要去的大山神社（隱岐之島町布施）就是代表。

從乳房杉順著林道往東下山，大約快二十分鐘，到達站在馬路旁的大山神社鳥居。鑽過鳥居有一對石燈籠，和一片貌似社院的廣場。可是空地上只有一棵杉樹，其他空空如也堪稱清爽。

杉神木用山裡採伐的木質藤蔓「葛」一圈一圈的圍繞起來，正面二公尺高的地方插著大幣。旁邊也有插在粗繩上的幾條御幣。果然是一尊巨大的神籬（神附身物）。

在我們的常識中，社殿是神的居所，有社殿才成為神社。但是上古時代並沒有常設的社殿，而是每次祭神的時候，招神（降神）舉行祭典。眼前這個景象，便令人遙想到古代祭禮的原點。

尤其，最令人印象深刻的是，「葛」藤營造出只有山神才有的野趣。一般來說，是用稻草捻成的注連繩來包圍神木，藤蔓感覺像是更原始的崇拜物。

而且，說到「葛」藤蔓，我想起《古事記》中，天宇受賣命*在天之岩屋戶「以天之柾木為葛」招呼天照大神一節。這裡提到的「柾木」是「蔓柾」（蔓性植物，有攀爬岩石或樹

大山神社的社院入口，鳥居沿林道而立，沒多遠出現了一對石燈籠打造的空間，露出「御神體」的身影。

*：在《日本書紀》中，記述為天鈿女命。

木的特性。中文名扶芳藤），天宇受賣命將它編成冠狀戴在頭上，跳起迎神的舞蹈。

這裡，把蔓柾當成植物的藤，用它作的頭冠叫做葛，但在《古今集》＊1等古典作品中，「真拆（即柾木）之葛」是植物的名稱。有意思的是，布施地區也把蔓柾稱為真拆之葛（《大山神社祭禮布施的山祭調查報告書》），隱約與京都文化有著千絲萬縷關係。即使在隱岐，也只有舊布施村周邊看得到使用葛的神木祭祀，也許正因為是邊陲的離島，才能保持已被世人遺忘的古老做法。

杉樹神木本身也很適合作為代表山區的一棵樹，樹圍七公尺，樹高五十公尺，一直線竄向天際，真的是「御柱」。它的樹相具有多分布在太平洋岸的表杉特色。很可能是為了植林才從島外運進來的樹種吧。這一點與隱岐島後自然適應的乳房杉恰成對照。

值得一提的是，它的祭祀場（大山神社院內）雖然與乳房杉的岩倉神社一樣，極為簡樸，但是，卻並非無人打理，看起來就是長年有人將它整理為神的祭祀場。後來得知，我們參拜的一星期前，大山神社剛剛舉行過例行祭典「布施的山祭」。那個祭典的最高潮，是每年四月初丑日＊2進行的「束帶」祭神儀式。活動的狀況有上傳到網路。

——布施村的男子會在這一天，集合到春日神社的社務所，喝了朝酒，便出發前往大山神社所在的山中南谷。神木旁在前一天的「斷帶」已準備好從山中伐好的蔓藤，將藤頭綁在神木上，然後進行「束帶」，也就是用蔓藤在神木樹幹繞七圈半，這時，約三十名左右的男子排成一行，抓住蔓藤，配合著吆喝歌，用力的搖動藤蔓。抓住藤蔓中段的年輕人用力過猛而滾倒，依照規則旁觀的小朋友便會向他們丟枯葉叫鬧。

布施地區沒有開闢水田的條件，自古即以林業為生，依靠山林養家活口，因此在開山時期進行的這項儀式，除了重新迎接山神，也透過葛藤表現出與神合為一體的喜悅，是一場有

（左頁）大山神社的杉。四月上旬的「布施山祭」中，從山中砍下的葛藤（猿梨蔓），重新繞上七圈半，插入超過兩公尺的大御幣和常綠葉（束帶的神事），成為御神體。

＊1：平安時代前期天皇詔令編纂的和歌集，全二十卷。
＊2：以干支順序計算日子，六十日一輪迴，該月第一個丑日為初丑。

點土氣但又令人懷念的祭典。

以怪異造形美自傲的裏杉

第三站參拜的「蕪杉」是棵有著異形的巨樹，與前兩棵神木迥然不同。這樹形是怎麼形成的呢？從地面生出的粗大樹幹，沒多久便分成六枝，彼此拉開距離向外延展，然後再彎曲垂直朝上生長。不但絕對的吸睛，而且讓人感受到雖怪異卻保有勻稱的造形美。十分漂亮的樹。

此外雖然「蕪杉」這個名字的緣由不明，有人說是來自它鏑矢的造形*，或是分株（從一株樹根長出數根樹幹的樹形）的樹。紮實的根部與分株的形體，都和根菜蕪菁相似。聽巨樹攝影家高橋弘說，蕪杉的成長過程與京都的「台杉」幾乎相同。「台杉」是京都北山地區想出來的杉樹育苗技術，在植林後，第一次剪枝時只留下最接近根部的枝，之後再剪去主幹，這種技術反覆數次，便會從萌櫱處生出多條樹枝，是一種從一棵樹取得多節木材的方法。

若是如此，即使是天然杉木，只要因為某種條件而失去主幹的狀態，它的生長能量就會轉向旁枝，形成「蕪杉」這樣的樹形。另外，從一旁流過的小溪，也是支持這棵巨樹生長的另一個條件吧。

但也許是日本海側許多自生的變種杉樹「裏杉」才有可能出現這種台杉狀的成長形態。關於隱岐的裏杉，在「隱岐聯合教科文組織世界地質公園」網站上，寫了這段饒富趣味的話：在隱岐「除了為植林而種植的太平洋岸表杉之外，還有隱岐原本就有的日本海岸裏杉，

（左頁）「中村的蕪杉」（縣指定天然記念物）六棵分叉的樹幹合起來的樹圍九・三公尺（高橋弘指稱有十・八公尺），樹高三十八公尺（同，四十二公尺）。推測樹齡為六百年。

*：鏑矢即是響箭，日文發音與蕪菁相同。

以及混合了裏杉和表杉特徵、隱岐所獨有的杉樹」。這種現象的背後，隱藏著什麼樣的意義呢？經由基因層級的研究，做出了以下的推測：

「距今約兩萬年前的最後一次冰河期，由於海平面下降，隱岐與島根半島形成陸地相連的狀態。隨著氣溫降低，在寒冷乾燥的本州內陸無法生長的杉樹，躲避到日本海側突出於海面的隱岐。後來地球轉為溫暖，在隱岐存活下來的杉樹，又經過陸地相連的隱岐海峽，散布到日本海沿岸。」

也就是說，從冰河期以前就有（原種）的杉樹在避居的隱岐適應了嚴寒的氣候，反向傳播回本州的內陸——如果這個理論正確的話，現在的裏杉根源是在隱岐，「乳房杉」或「蕪杉」都是血統純正的後代。

住著八百比丘尼靈魂的神木

最後一站，我們去的是從前隱岐國總社——玉若酢命神社。

地點雖然離西鄉港或西鄉町市區不遠，不過靜謐的氛圍彷彿時間靜止了一般。鳥居的盡頭是茅草屋頂的隨神門，社地旁是茅草屋頂的億岐家住宅（寶物殿），立有「重要文化財／隱岐國驛鈴正倉印」的標識。

距今一百二十多年前，原名列夫卡迪奧·赫恩的小泉八雲如此寫過：

「該神社的位置為神聖的樹林圍繞，五顏六色的山脈鑲邊，如詩如畫，印象之深，不覺為之陶醉。……門前的周圍有棵高度雖不特出，但著實令人驚奇的名杉樹。離地二碼（約一八三公分）處的樹圍有四十五呎（一三·七二公尺），這片聖地由此杉樹賜名。也就是說，

隱岐的百姓絕不會稱它玉若酢神社，只會叫它『大杉』。」（《不為人知的日本影像　下》，括號內數字為筆者補充）

「大杉」已成為隱岐代表性神社的代名詞，它就斜斜的站在隨神門稍前的參道旁，通稱「八百杉」。

忍不住想對這棵老大樹招呼：「這麼長壽，真了不起啊。」聽說樹齡可能有一千年或兩千年以上，簡言之，就是它已經老到估算不了的意思吧。的確，它的氛圍和數百年等級的杉樹不太一樣。

從枝葉的特徵來看，這棵樹據說也是裏杉，但直立的主幹在裏杉中十分罕見，給人鮮明的印象，不過聽人說，根部附近的大枝被近年的颱風吹斷過。也就是說，過去，它也曾經向外伸長彎曲而堅實的樹枝，形成山形的樹冠嘍。

現在稍稍隱藏了它的豪壯，在幾支粗鐵柱的支撐下，度過漫長的晚年。它的身影雖令人憐憫，不過既然如此珍貴，也只能樂享周到的呵護了。不管怎麼說，這塊「場域」在彌生時代乃是隱岐群島的中樞，而此杉則是唯一還活在世上的見證人。

玉若酢命神社的腹地鄰近古墳群，應是此地的首長墓。該神社的宮司家億岐家（現在也由子孫繼承宮司一職），是六四五年大化革新之前就統治隱岐的國造*1。另外，億岐家據稱是出雲大社奉祀的大國主神後裔*2，國造廢除後，繼續以國司身分統治隱岐國。億岐家的家寶，重要文化財「驛鈴」與「正倉印」*3便是鐵證。

於是，這棵杉樹自古就是民眾信仰的島上守護神。參道旁的樹皮因人手觸及，紅褐色變淡，並且發出光澤。想必是許多人都想撫摸，與這棵樹結緣吧。順道一提，小泉八雲曾聽說「用此木之材製作的筷子食物者絕不患牙病，且能高齡長壽。」（引自前述著作）

＊1：治理當地的地方官職，世襲制。

＊2：大國主神即是前面提過的大穴牟遲神。

＊3：驛鈴為在古代日本驛馬制度時，政府發給地方官的鈴，官吏公務出差至驛站若搖此鈴便能徵用人夫與驛馬。而正倉印乃人民繳納穀物，出入正倉時在文件上按押的印鑒。

八雲轉述的長壽庇佑，與「八百杉」這名字似乎不無關係。

《島根觀光導航》中寫道：

「這棵俗稱八百杉或總社杉的大杉樹有個奇特的來歷，從前有個從若狹國來的比丘尼，因吃過人魚肉，從此長生不老，她參拜總社神後，種下了杉樹苗作為未來的紀念，並且說『八百年後，我會再來』，因此人稱八百比丘尼杉，漸漸簡化成『八百杉』了。」

這裡貿然出現的比丘尼（尼姑）故事，是民間「八百比丘尼傳說」的變化版之一。筆者以前造訪過有八百比丘尼傳說的地方，寫過報導文學（參照拙著《神祕的佛像》），竟然沒留意到隱岐。八百比丘尼是何許人呢？

依據她的淵源之地——空印寺（福井縣小濱市）《略緣起》（明治四十二年的版權頁）中敘述，八百比丘尼生於白雉五年（六五四），是若狹財主的千金，十六歲時奇遇白髮翁（龍王化身）請她吃人魚肉，此後數百年一直維持十六歲的容貌，不曾改變。在她一百二十歲時剃髮出家，開始雲遊各國。總是此地一住五十年，彼處居住一百年，建佛堂、神社，開路架橋，教授五穀樹木繁殖法，講述神佛之道。到了寶德元年（一四四九年），自京都清水返回故鄉，以高齡八百歲，在空印寺內大岩窟入定（過世）。

也因此，《略緣起》轉述，八百比丘尼也叫做八百姬或長壽尼。

質疑傳說的真偽，本就是毫無意義的事，但這裡，筆者注意到有多份文件都提到「室町時代的寶德元年，京都出現『八百歲的老尼』」的記載。這份傳說如同星火燎原般，在全國各地扎了根。

因此，我在拙著中推測「這個講述（誆騙）不老不死傳說，巡遊各國祈禱與分發護身符的『若狹比丘尼』應該不止一人」。

八百比丘尼像（空印寺藏）

玉若酢命神社院内的「八百杉」（國家指定天然記念物）。玉若酢命是開拓本島的神祇，據說，此社在古代是合祀隱岐國內衆神的總社。
附帶一提，《隱岐乃家苞》（隱岐島廳，大正五年）中記錄了八百杉相關的傳說：「村中耆老說，從前有條小蛇，在樹根部鑽了個空洞，後來那個洞口阻住了，蛇出不來。現在暖和晴朗的日子，還聽得到小蛇的叫聲。聽過的人不在少數。」（簡略）

另一方面，隱岐「八百杉」傳說裡提到「八百年之後」的說法應是附會八百比丘尼的名字，後來加上去的。原本「八百杉」的名稱，也只不過是用「八百」來形容這棵無與倫比的巨樹時間軸，「無法計數」、「很多」的意思。

再者，八百比丘尼的傳說，民眾信以為真、口耳相傳並不稀奇。因為，八百比丘尼是個典型的「稀人」（從異界來訪的人或神人），隱岐自古便是這類異人會造訪的島。

這些島嶼自古便有迎接來自渤海、新羅使節的歷史，平安時代以後，有都城放逐的貴人（小野篁）、和異端的武人（藤原千晴、平致賴等），中世時期甚至還有上皇、天皇（後鳥羽上皇、後醍醐天皇）到訪。說穿了隱岐是個中央統治無法匹及之地（避難所）。它的文化藉著島外來訪的異人而異彩紛呈。

正因為是這樣的土地，人們才會輕易接受八百比丘尼的靈魂寄住於不尋常的大樹這種異想吧。也因此，來此作客的我們在隱岐的巨樹、怪樹身上，很難不感受到本州神木所沒有的樹靈存在。

（右頁）「八百杉」樹圍九．九公尺，樹高約三十公尺。樹齡推測有一千數百年。樹皮呈現出一千多年老杉特有的風貌，與它的巨大相得益彰，給見者深刻的印象。

香取海與紅楠樹

波崎的大紅楠（茨城縣神栖市）、府馬的大樟樹（千葉縣香取市）
中里道祖神的紅楠樹（千葉縣成田市）

No.32

石佛群圍繞下獨一無二的容貌

現今茨城縣神栖市，以前還叫做波崎的時候，我曾經來海濱浴場玩過，不過印象中只記得一整片沙灘和從外海湧進來的大浪。真是作夢也沒想到，我會為採訪神木重回此地。因為這裡有一棵必須瞻仰的樹。

從關東平原最東端的千葉縣銚子市，經過跨越利根川河口的銚子大橋後就來到波崎。在舍利寺前的站牌下了公車，便看到舍利寺（亦即神善寺）的紅門在前相迎。經過大門，左手邊便是「波崎的大紅楠」。

雖然拜訪其他的巨樹時也是一樣，不過，到了這裡，依然只能呆呆的望著它好一會兒。這究竟是什麼樣的生物呢？當然，測量出樹圍八．一公尺，肯定是棵雄偉的大樹，但是離地三公尺左右，分叉成數枝粗枝，奔放的恣意伸展。據資料顯示，樹高十五公尺，但樹枝的寬幅東西約有三十公尺，南北約二十公尺，給人稀疏的印象。神社的神木大多垂直而上，相對的，佛寺的神木多往水平發展。感覺這似乎關係到神道與佛教的本質，不過，先把這個問題放一邊吧。

主幹雖然不高，容貌卻是獨一無二。最突出的莫過於半球狀的樹瘤，如同鼓起的便便大

（左頁）「波崎的大紅楠」（縣指定天然記念物）。突出大大的樹瘤，露出異相的紅楠與向它合十的石像（弘法大師像），形成了獨特的信仰景觀。

腹，還很傳神的有個肚臍般的突起。其下的根部如同章魚腳，寄生於上的山茶樹正逢開花，真箇是錦上添花。

為什麼一棵樹會有此容貌？我向它提問也得不到答案。但是正因為有此容貌，所以參拜的民眾各自有著不同的解讀。

這已經是一種信仰性的景觀了，不過此地最大的特色，是一群圍繞紅楠樹而立的石佛，共有六十尊，清一色是大師（弘法大師空海）的雕像。石佛群全部面向神木排列，大師像有人供奉鮮花，但石佛卻向神木合十行禮。

為什麼會形成這種景象呢？

筆者後來在茨城縣霞浦市的「出島之栲」見到了相似的景觀（詳見一〇〇頁），面向長椎栲神木並立的石佛群，也是弘法大師像。那些石佛形成迷你的四國八十八所靈場，但是住持告訴我，神善寺的石佛並不是四國靈場的雛形，而是收集了寺院施主與信徒虔誠奉納的石佛像。

總結來說，終究是連結到紅楠神木的信仰。

地方上的人都把這棵樹叫做大楠樹（紅楠大多與「楠（樟）」樹混淆），敬仰崇拜。最為人所知的就是在庇佑伏火（防火）上十分靈驗。江戶天明年間（一七八一－一七八九），此地發生大火，火舌燒至附近時，據說這棵樹阻擋了延燒的危機。而它的庇佑在太平洋戰爭末期的空襲時也發揮得淋漓盡致。「了解當時的耆老證明『燒夷彈』一視同仁的落下，但宛如故意避開這棵樹，實在不可思議。」（《新日本名木一〇〇選》）因此，這棵紅楠又以「伏火楠」聞名。神善寺內早先就舉行過祈求家宅平安和消災的「伏火護摩」。

順道一提，住持說，民眾獻納的大師像原本散布在寺院各處，到了戰前某個時期，才集

（右頁），大紅楠在鐵柱支撐下往水平方向伸展的樹枝，與根部附近威嚴的相貌，都令人印象深刻（上）。異相的大紅楠應可稱為神社的主尊，以及與它面對面的弘法大師石像，再加上獻花人的祈願，形成獨特的祈禱場域（下）。

中到現在的位置。

「（原因是）想請大師們『看顧大紅楠，守護這棵樹』。」

也就是說借助弘法大師的加持力，祈禱神木的守護。

若是如此，前述大紅楠「避空襲」的事實，等於是對信徒的誠心有了完美的回報。神木信仰與弘法大師信仰結合，是別處從未見過的稀少例子，但是不管如此，紅楠樹與石佛的神奇組合，確實有相應的原因。

漂流神的附體，亦是漂流民的記號

關於「波崎大紅楠」的樹齡，住持說約一千一百年，解說牌上寫一千年。不過，相傳神善寺是天喜年（一〇五六），僧人貞祐從高野山來到此地開山創建。也就是說，創寺時紅楠樹就已經存在了。

神善寺所在的神栖市波崎一帶，自古是個大海包圍的小島。後因利根川（江戶之前是個內灣，稱為香取海）沖刷的泥土堆積與鹿島灘隨沿岸海流形成砂嘴，而成為現在的地形。「波崎」之名，據說是從地形聯想到鳥的「羽毛尖端」或刀刃的「刀尖」而來的，不過當然也可能來自波浪撲岸的岬角。常陸（茨城）東南端也有個「端崎」。此外，雖然寺院周圍叫做舍利地區，可是並非來自佛舍利之意，而是「砂里」。

在這種地方長出紅楠森林，從某種意義上算是渾然天成。

「（紅楠）常綠喬木。日本暖帶林的主要樹種，生長在本州、四國、九州、沖繩、小笠原、台灣、朝鮮、中國南部……四季翠綠粗壯的大樹，堪稱常綠闊葉樹的代表。適合生長在海水

神善寺大門前。紅楠樹大大展開樹枝歡迎參拜者。

侵入地下的濕地，所以多種植於海岸，抗海潮風，善於防風防砂，也不怕病蟲害。」（《木偏百樹》，括號內資料為筆者補充。）

來自南方的紅楠樹，與椎栲、櫟樹一樣，都是隨著繩文時代早期的地球暖化，以暖流搬運的形式，在沿岸擴大分布的樹種。這個時期，所謂的「原日本人」的人類稍晚於常綠闊葉樹，也將生存範圍擴大到海岸沿線。

民俗學暨國文學家折口信夫指出，紅楠是漂流神的附身物，也是祖先渡海而來時漂流登岸的目標。「我們祖先漂流登陸的海岸，就在紅楠樹的森林附近。踩著海濱的沙，首先感受到的，是大海的遼闊，與對母國的緬懷。」（《上世日本的文學》）

折口教授到坐落在能登半島海岸邊的氣多大社，見到「禁入之森」的紅楠樹林時，激發了他這個靈感。意即氣多大社的主祭神大國主神是以紅楠為目標，漂流上岸，成為祖神，鎮守紅楠森林。

接著，時代遞嬗，高野山來的僧人貞祐也發現了紅楠樹，漂流到砂里（舍利），在樹下蓋了佛堂。此外，神善寺北側，以前寺院內還有個鎮守的益田神社。它的社林也是紅楠樹林。

參照波崎地區史的文章，這塊濕地正式陸化是在進入鎌倉時代之後，因為曾是沙地，所以後來也完全沒有作為農地等的土地利用。這段期間，「波崎的紅楠」繼續成為「青翠勇壯的大樹」，神善寺收藏了鎌倉時代釋迦涅槃像，至今仍是此地區唯一的古剎。

波崎民眾對紅楠樹寄予的虔誠信仰來自何處呢？

也許是在這嚴苛的沙地環境中，它一直留在刻苦維繫生命的民眾記憶中吧。直說的話，伏火的靈驗只算是錦上添花，「波崎的紅楠」其實是遠古以來一直站在那裡、最足以信賴的守護神。難道不是嗎？

古代關東平原東部，有一片太平洋侵入形成內灣，海水直到香取神宮腳下的海（香取海）（＊依據國土地理院的電子國土網站製作）

先於氏神鎮守的「御柱」

回到銚子，搭ＪＲ成田線沿利根川流域溯源而上，在小見川站下車，再搭公車往府馬方向前進。大概十五分鐘，出現一處向前突出到水田地帶的蒼鬱高台。

這是中世時代，繼承千葉氏的國分氏分族——府馬氏的城堡建立的地點。位置雖然很有中世山城的風格，不過從主城稍微縮入的東南側，連接著另一座台地（即山之下城舊址），地圖上可見星勝神社、氏神大仙、九頭龍權現、宇賀神社等社寺名字。

「府馬大樟」聳立在台地的頂端，算是府馬城的小城之處。這棵神木屬於創建於寶龜四年（七七三）、也是本地區歷史最悠久的宇賀神社，為國家指定天然記念物。在《日本最大的巨木圖鑑》（宮誠而著）中介紹它為「日本最大的紅楠」。

名稱不一致是因為文化廳在指定天然記念物時，它雖然確實是紅楠樹，但是地方上習慣叫它「大樟」，因此用這個名稱登記，這一點與波崎相同。

紅楠雖為闊葉樹林的代表樹種，但因為它俗稱犬樟、玉樟，與一般樟樹混淆，所以一般人對它辨識力較低。進而，各地方還有自己的稱呼，像是tamo、tabi等，也是原因之一。

不過，不管怎麼稱呼，這棵樹有著經歷過無數歲月、風吹雨打，才雕琢得出的風情。樹高約十六公尺，但根部範圍實際上有二十八公尺（引用千葉縣教育委員會資料），即使步入老年，從地面露出的曲折樹根緊緊的抓住大地，展現出不屈不撓的精神。

紅楠森林從前一定更加蔥鬱吧，不過現在院內後側的樹林都已砍掉，設置了展望台。聽說從那裡俯望的景觀，古人讚為「麻績千丈谷」。意思是這塊由台地與山谷形成的土地，難得表現出開闊谷地的美稱。

「府馬的大樟」（國家指定天然記念物）。解說牌上寫，推測樹齡一千三百—一千五百年。聳立在宇賀神社旁，向神社微微傾斜，為參拜者提供遮陽納涼之地。

現在那地方雖然已為水田所覆蓋，但在江戶時代以前，它是個海水侵入的內海，稱為香取海。換句話說，這塊台地，以前是遙望香取海的海邊高地。

不知從何時起，紅楠樹（大樟）來此「投靠」。

據說它的樹齡有一千三百年（也有一說一千五百年），當然，正確的數字不得而知，不過也許設定在稍早於宇賀神社創祀的年代，才是重點所在。總之，「府馬的大樟」是比地域氏神先坐鎮此地的「御柱」。「大樟」附近還有一棵人稱「小樟」的紅楠樹。這是「大樟」樹枝垂落到地面，在那裡生根發芽長出來的子樹（江戶時代末的《下總名勝圖繪》中畫出過去的樣貌）。此外，樹下奉祀了一座刻有正德元年（一七一一）銘文的小石祠，但已被掩蔽在樹根之間。在此活了一千三百年的「大樟」本身，飽經歷史的風霜，才有了如今的面貌。

環繞神木周圍選定攝影角度時，某個位置卻看得我目瞪口呆。

拄著枴杖的老樹，背著許多生命撐立於地——

不對，不是枴杖，而是支撐老枝的石柱。不過「大樟」倚靠著石柱，全身布滿地衣和苔蘚，供給養分給無數的槲寄生，勉強站立著。看起來就像這樣。看著傷感的背景，忍不住思索起神木的境遇。

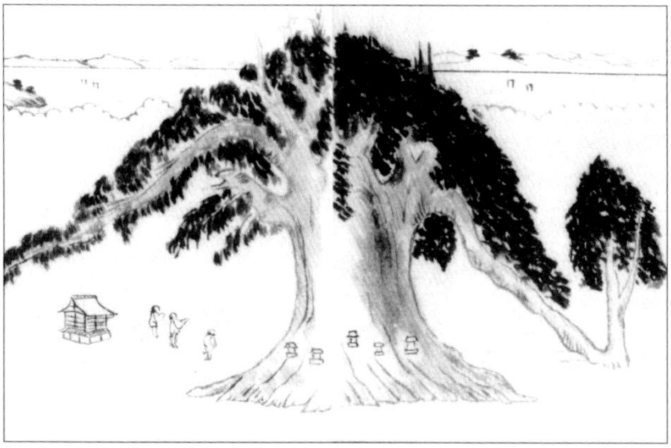

《下總名勝圖繪》中描繪的江戶時代府馬大樟樹，畫出當時與子樹相連的情形（轉載自國書刊行會的復刻版）。
（下頁）繞到子樹所在的「後側」瞻仰大樟樹。注連繩下保留的石祠，已被埋沒在樹根附近。

數量驚人的道祖神與紅楠

始於波崎的紅楠之旅，終於來到黃昏的時刻。但是，還有一個地方我非得去走一趟才行。在JR成田線的滑河站下車，急忙叫了計程車往東南方向走。稍稍迷惑了一下駛進側路後，「中里的道祖神」霍然出現在眼前。

鳥居的盡頭已成為平緩的塚丘，塚上長出紅楠大樹，樹下供奉著石祠。而且，整個塚丘上都被數量繁多的迷你小祠所覆蓋。

這究竟是怎麼回事？至少不是黃昏時刻獨自一人應該見到的景象。

仔細一瞧，迷你石祠中有的刻著「道祖神」的文字。這麼看來，這些全部都是道祖神吧。為什麼它們會被集中堆在這裡呢？難道是被丟棄了嗎？其中意涵實在不得其解。

總之，暫且上網調查一番，得到了幾個提示。

一、手水缽旁有路標，往三個方面寫著「此路往小野大和田滑河」、「此路往七澤名古屋……」「此路往青山倉水成井本大須賀」。這些都是成田市（舊下總町）周邊的地名，指著西北方向、西南方向、東南方向。

二、迷你石祠的大小，從十幾公分到二十公分都有，形狀五花八門。有的有記錄年號，絕大多數都是江戶時代文化年間（一八〇四－一八一八）的產物。

三、《下總町史（民俗篇・第一集）》中有關中里道祖神的部分，是這樣寫的：

「道祖神字原大間戶（一八一一）猿田彥命腿腳不良者參拜。此外，現在舉行的三峰講以此地為中心。」（以上參照「成田吹的風」部落格）

現在，如果在成田市中里用地圖搜尋，地區的中心有條十字路，十字路口附近就是道祖

（左頁）「中里道祖神的紅楠樹」。樹圍五・一公尺，樹高十四公尺。紅楠樹下供奉著無數石造的道祖神，還奉祀石祠。跟前建有道地的鳥居。

神所在。根據一的提示，以前應該是T字路的交叉口吧。現在雖然沒變，不過從前這裡在村子外頭，應該是在村界上。另外依據三，看得出這個道祖神拜的是猿田彥命，因保佑腳病康復，而受到民眾信仰。

道祖神又叫道陸神，一般也叫塞之神，換句話說，就是供奉在村子、集落邊界，防止外在疫病神或惡靈入侵的神。另外，猿田彥命也經常被供奉為道祖神。在日本神話中，祂在「天之八衢」（道路分叉點）上迎接、引導天降的眾神，所以又叫做衢之神、守護旅人的神、指引道路的神，進而也被當作身體下盤之神，受到民眾的信仰。

可能迷你石祠也是因為腳部疾病痊癒，或是祈求腳部健康而奉獻的。

全國各地都有奉獻草鞋等給足神（神名形形色色）祈求的信仰，但是沒聽過奉獻石祠的習俗。不過，建石祠、安置在適當的地點祈禱，作為信仰猿田彥命——道祖神的證明，這種形式也許在下總一帶並不罕見。如同前述的第二條，如果都集中在文化年間製造，有可能這時期祂成為流行神，吸引了爆發性的人氣。

此外，這棵紅楠樹的樹齡推測為二百—三百年，正好是自文化年間往前一百年的年代。若是如此，也許是江戶時代後段的這個時期，開始祭拜以紅楠為附體物的道祖神。這麼一想，不謀而合。

但是，紅楠是湊巧長在小塚坡上，還是建塚同時植的樹呢？如果真是如此，為什麼要種紅楠（犬樟）？此前什麼都沒種嗎？還有好多疑問找不到答案，但是也沒辦法。

不管怎麼說，這棵聳立在中央的紅楠，尚還處在相當年輕的生長過程。古來人們都把紅楠當成神靈附身的樹，今後它的樹相會有什麼改變呢？如果願望能成真，我倒是想在數百年後再來看看它。

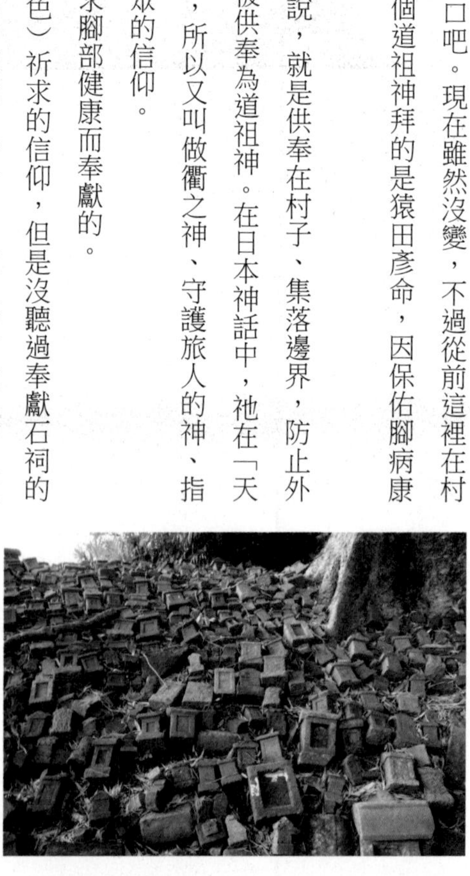

供奉的道祖神。有些刻上了「道祖神」，但多數什麼都沒刻。除了祠型之外，也有牌位型的。這些石造群集形成了獨特場域的景觀。

第三章

見到此等大樹

山中妖物與十二顆御印

十二枝箝（青森縣五所川原市）

No.33

爆炸般散放多條樹枝的巨樹

陌生土地的森林，可怕。

我既不知道這種可怕從何而來，也無法解釋清楚如何可怕。只是驀地產生了這種感受。

青森縣的觀光指南寫道：「從（津輕鐵路）金木站搭計程車，單程二十分+等車時間三十分+回程單程二十分鐘，計程車費來回約五千日圓程度（需與計程車公司商量）」。因此，我沒多想就在站前攔了輛計程車。「偶爾也會載到這種客人，不過不太多就是了。」運將不以為意的往山裡駛去。

那條山路荒涼陡峻，如果只有我一個人，恐怕走到一半就會因為不安而掉頭。不過最近，只要谷歌地圖上有登出名稱，大致上都去得了。該市指定為文化財的「十二枝箝」就是其中之一。

但是，它可能不是可以輕鬆應付的對手。

好不容易，山路上出現了指示牌，停下車，路邊立著一座快倒的鳥居。往鳥居後的參道走去，沒多久，它就現身了。

一般人叫它「十二枝箝」，箝是刺魚的捕魚工具，因為分叉的樹枝與箝有點像，所以才取了這個名字。

（左圖）參道從立於「社境」入口的鳥居後面往上延伸。
（左頁）「十二枝箝」的雄姿。離地三公尺處的樹幹分成十二枝，分別平均筆直衝向天空，露出怪異的樹相。

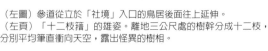

如果一無所知的在山裡迷了路，突然撞見它的話……我沒把握自己能平靜以對。本居宣長大人以前寫道：「不尋常的可畏之物，叫做迦微」，但是再沒有比它更不尋常的東西了吧。說它「可畏」也理所應當。

紅色鳥居從樹根部撐住的這棵巨樹，在鳥居上端橫木一帶稍微變窄，但到了超過人類身高的地方，像是積蓄了能量，爆炸性的散放出多條樹枝，一齊衝向天空。樹圍七・二三公尺，但這個數字，只是平視（眼睛平視部位的樹幹粗度）位置的大小，更粗的分叉部位樹圍據說有十二公尺。

繞到鳥居後門，更加深了怪異的印象。大大小小的凸起，像是從地上長出神的手關節，根部的樹洞則像是妖怪張著大口。

從這個角度來看，在某種層面上，出現「神話」來解釋這種巨大和怪異，也許是極其自然的事。

「以前有個膽小的年輕人，叫做彌七郎。彌七郎每次上山都會心懷恐懼。因而成為大家的笑柄。連山上的妖怪都知道他的名字。彌七郎為了痛擊妖怪，拿起大斧頭上山，靜待天黑。

「夜深人靜時，他聽見有人喊『彌七郎、彌七郎』。

「彌七郎朝著聲音的方向，揮起斧頭一砍，便聽到一聲尖叫。妖怪滾落到地上，原來是隻白毛的大老猿。

「村民害怕大猿報復，種植了羅漢柏奉祀牠。

「那棵樹長大後，卻長出十二枝直立的樹枝，樣貌古怪。即使發了新枝，老枝就會枯萎，並不會超過十二枝……」

也就是說「十二枝簷」是山中妖怪（妖精）寄宿的樹。

（右頁）「十二枝簷」的後側，給人古怪的印象更勝前側。根部附近的空洞，看起來像張開大嘴尖叫，霎時打了個寒顫。

展現可怕的神威

這裡強調十二這個數字，一說到十二，就會聯想到曆法上的一個周期，像是十二個月、十二干支。事實上，它也是山神的關鍵數字。一般來說，女性山神會產下十二名孩子，祭日也都會選在與十二有關的日子，像是十二月十二日或是一月十二日等。此外，這一天禁止入山，傳聞若有人打破禁忌，就會被樹壓死。應該說早如所料嗎？這個地方也是將十二月十二日作為祭祀山神的日子，人們敬拜「十二枝箍」，視為山神原形。

樹種是青森檜，柏科羅漢柏屬的常綠針葉樹，屬於羅漢柏的變種。

它也就是一般人耳熟能詳的高級木材HIBA。擁有榆樹的津輕半島，與下北半島都是青森檜的名產地。我很慚愧，後來才知道，日本的青森檜總累積量（包含羅漢柏）的八成以上，都集中在這兩個半島。當時雖然沒有注意，不過「十二枝箍」的周圍全部是青森檜林，青森檜的生產從藩政時代以來，就一直是支持這個地區的基礎產業。

總而言之對樵夫來說，這棵怪樹是統領青森檜林的山神，真實握有他們生殺與奪大權之大神的行宮。

雖然，以理性的角度來想，也許只不過是「因為下雪或其他氣象因素，它在某一天失去了主幹，但是這棵生命力強大的HIBA從樹幹周圍又長出直立的樹枝，直到今天」（《巨樹》，八木下弘著）。但是對樵夫們而言，它反映出的就是值得敬畏的神威展現，最能證明的不外乎「十二御印」。

分叉的樹枝之間，設置了一個小小鳥居，那一定是標示神靈寶座的記號。

仔細一看，分叉的樹幹之間，還有另一座鳥居。

陸奧堂平的御神體

桂清水與燈明杉（青森縣弘前市）

No.34

燈明降落發光的御神木

曾經，多數的山岳成為修驗的道場，但是明治政府排斥這個國家長久以來，神佛含糊混雜的文化，所以修驗者失去了立足之地。最後，許多山中道場都改弦易轍降格成為神社，多處堂塔也在荒煙蔓草中腐朽。

聽說，有一棵神木巍峨矗立在其中。

在JR奧羽本線石川站下車，坐上計程車直指「堂平」，在民居走到盡頭時，道路變成碎石路，「這條路沒走錯嗎？」雖然心中惴惴然，但還是往山裡走去，直到「桂清水」的告示牌前。

堂平這個地名是形容佛堂林立的山間平地。中世時期繼承了熊町修驗的門派，發展為修驗的道場，江戶時代曾建過金光山市應寺的寺院，此外，這附近有個堂平經塚（把經典埋藏在土中的土塚，是一種佛教的行善作為）可上溯到十二世紀，另外也出土過繩文陶器與土師器片＊1，這些事實都告訴我們這一帶自古以來就是聖地、靈場。

最明顯的證據就是「桂清水」，連香樹＊2通常生長在山谷的水邊，一如此名，清水從連香樹的根部汩汩湧出。令人驚訝的是，湧水口如同「龍口」一般。連香樹根的一部分宛如龍頭，水便從龍口流出。不只如此，只有龍頭部分布滿青苔，竟然還鑲著龍眼。

＊1：生產於古墳時代到奈良、平安時代的素燒陶器。
＊2：在日文中稱為「桂」（katsura）。

換個說法，這是連香樹與人攜手合作創作出的「龍神現身」作品。

有民謠唱道：「喝下大澤喉頭（堂平）的桂水，六十歲的老太太也會變年輕。」總而言之，這道從不枯竭的清水，一定是堂平靈場的根基。

那麼，我就走進森林，去找靈場的主人「燈明杉」神木吧。

雖然社院已失去往日的盛景，但還是感受得到祈願的痕跡。

最先映入眼簾的是「山之神」的石碑與鳥居，朱漆斑駁剝落，橫木布滿苔蘚的紅鳥居後，看得見石祠。石碑旁有「往燈明杉 170M」的指示牌。一路上各處散布著淡島社、毘沙門宮、辨天堂等石祠或小社。往內一探頭，都端坐著神佛的畫像或小木雕像，令人背脊一涼。

難道是我走錯了嗎？在微暗的森林小徑上徘徊，感覺漸漸沉入陸奧青森民俗的無底泥沼裡。再走回原來的起點，發現森林草叢隱沒了另一條參道往山坡上延伸而去。氣喘吁吁的走上陡坡，不久，在杉樹林間，背對著射入的陽光，出現了「燈明杉」的英姿。

我望著它茫然自失。

腦海中只想得出神聖、威嚴等通俗的字眼。陷入開口說話也覺無益的身心全然放下的境界。回頭一想，短暫的迷途，說不定也是堂平的陷阱，只為了讓我體會到終於得見的感覺。與「御神體」相見，就需要這樣的過程吧。

如同屋梁般的粗枝恣意縱橫，典型的裏杉（蘆生杉）樹勢，充滿了以吉野杉為代表的表杉（太平洋岸）杉樹所沒有的狂野，是魅力所在。樹齡約七百年，但是原本它應該是自生於此地，從某時起被推崇為聖樹而神格化的吧。周圍有許多植林的年輕杉樹，唯獨排除了燈明杉附近，形成了獨立峰一般獨特的存在感。告示牌寫道：

「名稱的典故來自從前每年會有四次，天上會降下燈明*到此杉樹上，發出光亮的傳說。」

（右頁）堂平的「桂清水」。連香樹根朝著清水伸展，龍口部分嵌入玻璃做的龍眼。那部分看起來真的像龍頭。

＊：佛前點的長明燈。

而且傳說依據燈明的強弱，可預言作物的豐歉或家中的吉凶。」

降下燈明，發出光亮這一段謎樣的記載意味著什麼，現在已無人知曉。「每年四次」的話，也許是暗示每個節分（立春、立夏、立秋、立冬的前一天）舉行的太陽祭禮吧。或者是每年有四個時間點，杉樹頂部濃密的枝葉在陽光映射下，如同長明燈般光輝照耀，人們便依照光線的強弱來占卜神意吧。

另外也流傳著令人莞爾的神占習俗。

在昭和三〇年代以前，人們若想與心愛的人結婚，有向這棵樹「掛鑰匙」祈求的習俗。不是掛願望，而是「掛鑰匙」。為什麼會這樣呢？原來「奧羽地方迷信將樹枝做成鑰匙狀，丟向鳥居或神木，願望就能成真，因而以此作為神占。」（引用自《菅江真澄遊覽記》注釋）

燈明杉的旁邊有石祠，供奉著手持斧頭的山神石像。從這陡坡往下走，有前面提到的「山之神」祠（大山祇神社）。那裡也畫有同樣的神像。若是如此，這座祠也許是遙拜山神的拜殿，而燈明杉是山神的本殿（御神體）。

在修驗道場林立的時代，人們從這個可俯瞰堂平堂塔的位置祭拜燈明杉，將它視為鎮守靈場的守護神。然後，修驗者紛紛下山，堂塔伽藍頹圮後，「山之神」依然留下，樸素的信仰回到民俗的本源，也許這樣也沒有什麼不好。

燈明杉樹下供奉的山神祠裡安厝的神像。從這裡往下走有個大山祇神社的祠，供奉著相同容貌的畫像。

（左頁）聳立在過去修驗道場，如同山之主人的「燈明杉」（縣指定天然記念物）。樹圍六・九公尺，樹高三十二公尺。但它突出的存在感超越它的真實尺寸。

巨木之鄉的拯救者

萩日吉神社的兒持杉、西平的大椢樹（埼玉縣都幾川町）

No.35

多子多孫的象徵樹

與巨樹相見，也許可以算是一點宗教的體驗。

與特別的樹見面，有時會成為撼動人心底層的體驗。若是擅長精神感性的人，也許會得到某種神祕體驗，但即使沒有，也會帶來某種療癒。

也許未必需要巨樹，只是扎根於大地，貫穿天際的巨樹，有時會讓對現實世界失去掌握的渺小人類，認識超越時間的偉大存在，並賜給自己連繫這個世界的力量。

埼玉縣都幾川町近年來成了知名的「巨木之鄉」。

雖然越過一座山，就到了山間地帶秩父，不過這塊土地特別留存著許多巨樹，一定有什麼特別的原因。

如果要我做推論的話，（雖然自然環境也有關係）應該是來自於當地的風土，以古剎慈光寺為中心發展成靈場的特性。靈場或神域的樹木不准隨意砍伐，是本國自古以來的常識。

「巨木之鄉」最得意的巨樹中，有兩棵位在該町萩日吉神社的參道與後面的腹地。

該神社創祀於欽明天皇六年（五三七年左右），據傳是為了鎮護建於平安時代初期的延曆寺關東別院——慈光寺，特地從比叡山請來的日吉大神。慈光寺與萩日吉神社隔著都幾川，距離約三公里。現在寺社之間已蓋滿了住宅，但從前是同在一座寺院內。

（右圖）連接萩日吉神社本殿的參道。
（左頁）萩日吉神社參道入口的「兒持杉」。照片右為男杉，左為女杉。兩條注連繩相連，兩樹交錯的根部上，安置著小祠。

若非如此，鎮守村子的神社入口也許就不會有這棵巨樹了。

參道杉木林的其中一棵過度巨大的神木無預警的出現在眼前，它叫做「兒持杉」。兩棵大杉樹相偎相依，一在前一在後，前面的男杉（視線水平的樹圍六・六公尺），後方的女杉（樹圍八・六公尺）。兩棵都是宏偉的巨樹，並列在一起更加重了壓迫感。

最特別的是它們的樹勢，兩者高度都有四十公尺，根部附近的樹幹粗獷的膨脹，根部在兩樹之間設的祠堂下方互相交錯。此外，女杉分叉成二十四條樹枝，男杉有三條，就是這一點給人多子多孫的印象吧。解說牌上寫：「傳說自古以來向二樹祈求，就會懷孕生子。」它其實早已超過保佑生子的意義，而是多子多孫形象的象徵樹。

其實萩日吉神社旁還有一棵大杉神木，只不過社前一帶的衝擊經常讓觀者印象模糊。而且它的根部有個水神的小社「御井社」，換句話說，杉樹的根部會湧出水來。

原來如此，正因為有豐沛的地下水，才能孕育出巨大的「兒持杉」吧。其中奧妙似可領會。

發出金黃色暗光的大樹

那麼，再往「裡院」去尋找另一棵神木吧。

沿著橫貫神社的道路往上走，便看到「大椏樹入口」的招牌，這裡開始便是「參道」，算起來走不到十分鐘吧，但是走在毫無指標的山路上，正要開始遲疑不安時，來到豁然開闊的地方，裡面出現一棵發出金黃色暗光的大樹。

我不覺屏息訝然，心頭莫名湧出「終於見到你了」的感慨。

不知是樹種的關係，還是時節或陽光射入角度造成的反射，這棵樹帶有青苔的金色樹皮

位於萩日吉神社的本殿後方的御井社，供奉從背後的神木根部湧出來自自然井。

暗暗發光，樹枝既神聖又妖媚的向四方伸展。樹圍六．六公尺，樹高十六公尺，但枝葉範圍東西達二十五公尺，南北二十六公尺，樹枝彷彿流瀉到在眼前開展的西側斜坡下。

那姿態宛如向來參拜神木的人們，伸出了手。

冷靜的想想，神木長成這樣，應該是有人花了心思以確保榧樹生長的空間吧。然而那得下多少工夫啊。不管樹齡一千年的推測是否妥當，但是畢竟是在長達數百年單位的時間中，凝聚了人們的崇敬，守護相傳的自然賞賜。有一說將它列為「慈光七木」之一，所以也許大榧樹下，以前曾有過慈光寺的末寺或子院的堂塔伽藍。

走近樹幹，深刻的直紋雖是榧科老樹自然會有的，但是樹皮四處剝落，樹枝枯死斷落的痕跡在各處留下了舊傷，空洞也很明顯。不能否認它比想像更處於受傷、衰老的傾向，不過，至今沒有支撐還能維持那麼長的樹枝，其生命力絕非一般，也許果真有神明住在裡面。

網路上散見人們對「西平的大榧樹」表達濃厚情懷的文章，似乎可以理解。這棵樹裡確實住著能打動人們心弦的某種神物。

而它的魅力，一定是從人與樹之間的祭祀與被祭祀、祈禱與被祈禱關係中應運而生的。至少我是這樣想的。

「西平的大榧樹」（縣指定天然記念物），雄偉的巨樹。也許因為高齡的關係，樹皮顯露出剝落的風貌。該部分發出暗暗的金黃色，與恣意伸展的樹枝相襯，給人別具一格的印象（次頁同）。

カヤ

萌發的仙境主人

軍刀利神社的大連香樹（山梨縣上野原市）

日本武尊都感嘆的大連香樹

仙人居住的地方稱為仙境。

人跡罕至的深山幽谷，清冽泉水湧出、充滿精氣、雲霧繚繞的龍穴之地，留著長長白髮，精通天地陰陽之術的世外道人，悠然的坐在靈木下，驅意暢遊永恆境地……。白髮仙人住在哪兒雖未可知，不過山梨縣上野原市的椈原，有著最接近筆者恣意想像的「仙境」。

從ＪＲ上野原站坐上往井戶方向的公車，在終點井戶站下車，前往軍刀利神社的裡院。

軍刀利源自於密教中的五大明王之一，軍荼利明王。該社在明治之前叫做軍荼利夜叉明王社，但是，明治初年的廢佛運動和修驗道禁止令後，便將源自佛教的社名改成「軍刀利」，主神也改為日本武尊。它是座靈驗非凡的軍神，戰前總有出征士兵虔誠膜拜。

但是，主神日本武尊並非空穴來風的附會，依據戰前古老的傳說，「歷史上明記日本武尊東征之事，歸途中路過該軍刀利神社，並且暫停歇息。」（引自岩科小一郎著《山麓滯在》〈軍荼利山緣起〉）

而且，古老的傳說還沒完呢。

「從此處（軍刀利神社的舊社地）下方約二丁（約二二〇公尺），有塊方形的奇石，稱為休石。石旁為泉湧之地。有個清澈的水塘，且占地三丈五尺（約一〇・五公尺）、目視二

No.36

從軍刀利神社的入口附近往西南方面看去，山巒的後方，出現在雲上的是富士山。

丈三尺（約七公尺）的大連香樹。讓武尊一見感嘆莊嚴靈地之處。傳說此乃日本武尊為解長途疲累乾渴，親自汲水之處。」（引用同上，部分為筆者補充。）

從該社位於山腰的舊社地往下走，有個湧泉的水池，一旁有棵大連香樹。日本武尊見了也感嘆「莊嚴靈地之處」。這個說法的時代設定與推測樹齡雖有不一致，不過應該是有這種特別的淵源才會為人傳說的聖地吧。而且那個地點就在軍刀利神社的裡院。

從井戶村開始的參道，半路變成陡坡，不久連接了一段長長的石階通向軍刀利神社的本殿。在這裡參拜後，繼續邁開步伐，前往後院的「莊嚴靈地」。

鋪設的陡坡到了一半變成完全的山路，不久遠遠看得見木製鳥居。確定其匾額上手寫的「裡之院」文字，沒一會兒便看到如同針山從柱間萌發的怪異樹相。

制伏「水木大神」的明王

聽得見細細清流的水聲，清水從右後方流下，如同分隔彼岸與此岸般切過參道。走過架在水上的紅色鐵橋，裡面聳立著大連香樹。一旁延伸的古老石階交疊，通往神社。這景象宛如在夢中出現過。

巨大的連香樹大多是孤立在山谷清冽的水邊。主幹周圍有大小無數的萌蘖長出是其特徵，聽說這些萌蘖（嫩枝）合在一起，有的樹圍超過二十公尺。以這棵樹來說，樹圍的現況是九公尺左右，分歧成兩枝的主幹伸展到天空（樹高三十三公尺），展現突出的威嚴。

這棵大連香樹，與「即使日照也不枯竭」的源流清水同在一處十分重要，民眾又叫它「水木大神」，有下述的傳說。

連接到軍刀利神社本殿的長長石階。蓊鬱的森林蔽覆下，帶著神聖的風情。

「軍荼利山的山頂上有祠（山宮），有一次，某無賴男子偷偷打開祠門向內窥看，不料白光迸射，一個黑影掠過，降落在數百公尺的大連香樹下。接著便下起滂沱大雨。村民們跑到連香樹下，發現了一座暗暗發光的粗雕木像。村人將這座像供奉在神社本殿，順便鎖上大門。後來，村民想到將這座像作為求雨用，只要乾旱時打開殿門，便會下雨。據說『求雨屢試不爽』。」（節錄自前述之書）

木像的神名不明，但是，應該是該社原本的御神體——軍荼利明王像吧。這位明王傳說是掌管龍蛇，經常以多蛇纏身的姿態現身。被釋放的明王降落到連香樹下，施展大能，得到隨心所欲降雨的力量。

另外，這棵大連香樹又叫「結緣樹」，源自於兩枝主幹相互依偎，生下許多萌櫱（又寫成「孫生」）的關係。加上連香樹的葉子長成心形，這也是不可錯過的重點。

歸途中，下山到一之鳥居所在的村落，俯瞰西南開闊的斜坡，層層山巒的盡頭，富士山悠然的與稜線合而為一。近景是井戶村民自給自足的廣大田地，正是迎接梅花盛開的時節，景象猶如山水畫。後來得知井戶村所在的舊棡原村，以前便以日本最長壽的村子馳名內外。

公車終點站的深處，有個仙境與小型的桃花源。

（左頁）「軍刀利神社的連香樹」（縣指定天然記念物）。從本殿往井戶川下坡，過了陡坡，走到奧之院的鳥居後，就可看到大連香樹。

（二一六頁）繞到大連香樹後面，在夕日照耀下，映出無數的萌櫱如同針山一般的輪廓。

奉納

聯想到異度空間的生命

來宮神社的大楠（靜岡縣熱海市）

No.37

直接逼近的存在分量

在JR熱海站轉乘伊東線，坐一站就到來宮站。我在早春非假日的下午下車時，先被月台上的人潮嚇了一跳，人似乎比剛才轉乘的熱海站還多。出了什麼事嗎?我望著人群移動，才發現幾乎都與我的目的地相同。

走進來宮神社的院內，「第二大楠（樹圍九・四公尺）」出來相迎。

繞到它的後側，沒想到樹心幾乎都已化為空洞，只剩下樹皮部分。樹洞相當大，一個人鑽入都綽綽有餘。裡面供奉了一座小祠。洞心周圍留下的焦黑，證明了它曾經遭到雷擊。儘管如此悽慘，但仍然長出青翠茂密的綠葉，看在眼裡真有種神聖感。古時候將這種有神靈留宿的樹稱為「霹靂木（神劈之樹）」而受到崇拜。

參拜的群眾以年輕人為主，使整個神社顯得生氣盎然。

設計師建築規範的參集殿中，有個很像飯店櫃檯的授與所，附設咖啡座。此神社如今雖已成為熱海人氣景點之首，不過，人們被吸引來到此地，只是在本殿草草參拜後，便趕快前往神社後方的「大楠」。

如果把眼睛蒙住，在這裡鬆開的話，霎時恐怕不會以為它是樹。它的大小實在脫離現實了，樹幹的樣貌令人想到凹凸不平的岩塊。

它的樹圍（二三・九公尺／環境省巨樹、巨木林數據）過去曾享有日本第一的稱譽，現在第一名寶座讓給了鹿兒島的「蒲生大樟（二四・二公尺，見十九頁）」，但是還是難以撼動它獨一無二的分量。

那種衝擊來自何處呢？試舉一例的話，也許是分歧的主幹之一在一九七四年被颱風吹倒，大約離地五公尺處遭攔腰折斷吧。

如同希臘羅馬美術的軀幹雕像（沒有頭或手腳，只有軀幹的雕刻），由於枝葉末端被砍掉，「存在的分量」藉由樹幹的表情直接逼近而來。推測樹齡有兩千年，雖然根據不明，不過以樹相來說，若沒有個一兩千年肯定是說不過去。

另一枝主幹在中途分叉，高高的刺向天空。悠遠的時間不斷在樹身上刻下痕跡，如今還在持續更新生命——瞻仰到眼前的它，忍不住合十崇拜，是這個國家的人自然的反應。

不過，以前社院內的楠樹共有七棵，在社傳中如此記載：

「和銅三年（七一〇）六月十五日，漁夫在熱海海面撒網時，網裡多了個木雕像。突然一名童子現身，云：『吾乃五十猛命，此地有七具不聞波音之楠樹洞，將吾供祀於該處。』眾人伏地跪拜，後來村民依令找到了這個地方（現社地）。」

五十猛命為素戔嗚尊之子，在《日本書紀》中記載，祂與父神*一起從高天原帶了許多樹木的種子降臨人間，從九州開始種杠在大八州國（日本列島）各地。也就是說他是樹神、林業之神。以這個典故出現在熱海的海面，親自指定祭祀的「七具楠樹」森林，接受奉祀。

該神社位於高地，流過熱海市中心、注入熱海海岸的糸川源頭，坐落在清流濯清，可俯瞰熱海七湯的位置，正適合熱海鄉地主神的奉厝之地。也許是湧出溫泉的大地能量，孕育了這棵大楠樹。

（左頁）來宮神社的大樟樹（國家指定天然記念物）。如果標出正式的社名則為「阿豆佐和氣神社的大楠樹」，神社標識為「大楠」。「日本數一數二的能量景點。請親身體驗充滿生命力的大楠樹。」（神社官網）

＊：伊弉諾尊。

大樟樹周圍設置了可以繞行一圈的木道，平常十七時－二十三時亮燈。「以約一四〇個燈表現宿於杜之草木的木靈。」（神社官網）。黃昏到晚上來參拜的話，一定會留下深刻印象。

幕末的嘉永年代，楠樹森林面臨了危機。

據古傳記載，當時熱海村，為了與鄰村爭奪捕魚權，兩村爆發紛爭，為了籌措訴訟費用，砍掉了神社內七棵大楠中的五棵。正把鋸子擱在剩餘的樹幹，繼續砍伐時，突然出現一位白髮老翁，展開雙手阻擋。說時遲那時快，鋸子竟從手邊折斷，同時，白髮老翁也消失蹤影。因而最後留下了現存的兩棵大楠樹。

那麼，如果白髮老翁沒有出現的話，「大楠」真的會被砍光嗎？

我不認為熱海的村民有那個膽量。就因為畏懼傷害神木，所以才傳說白髮老翁（五十猛命？）顯現——這樣的解釋可以說順理成章。

至於，參拜「大楠」的儀式，是沿著神木周圍的步道走一圈。

「據傳，自古以來，每繞神木周圍一圈，就能多一年壽，繞過之後不用看醫生，所以又名不老之楠。」（引自解說牌）

現今這個傳說轉為「在心中許願後繞神木一圈，心願就能實現」（該社官網）的說法。網路上更是充溢著「靠大楠能量保佑倍增」「心願實現的傳說!?」「來宮神社的保佑超靈驗，求姻緣的能量景點」等意見。

文字雖然淺薄，但都是直率的宗教衝動的展現吧，在這棵令人想到異度世界的生命吸引下，渴望能藉此結下良緣。不管繞神木一圈就能延年益壽，還是向祂祈求就能實現願望，但是受其力量的「感化」卻是我們古今不變的本性。

No.38

供奉疫病神的神木

葛見神社的大樟樹（靜岡縣伊東市）

升起強烈妖氣的怪樹

從來宮站搭JR伊東線二十二分鐘，在終點伊東站下車，走路約二十分鐘，就會來到葛見神社。

社寺院內的巨樹，大抵上不用尋找，只要靠近社寺就會看到了。因為神木本身大多會發揮地標的效果。但是這裡卻不是如此。神木與背後的社林融合為一，如果事先不知情的話，走到本殿正面左側的石碑附近，才會驀然撞見它。

見到了一棵好驚人的樹啊——這句話發自內心，絕無虛言。

樹幹的樹圍約十五公尺，規模比來宮的「大楠」略小，但是樹幹營造出的「存在分量」卻毫不遜色。不如說，整棵樹都散發出另一種可怕、妖氣的味道。

這塊大木頭全身布滿了樹瘤，彷彿是從地面冒出咕嘟咕嘟的泡沫噴發出來。正面的中央，有個直向割開般的洞口，供奉著一座小祠。

巨幹在離地五公尺處分叉成V字形，以腰帶般的金屬帶束住，強制緊束是擔心向左右傾斜的兩枝樹幹會因而折斷。事實上，一九九六年就發生過大樹枝折斷掉落的狀況，所以才做了這種處置，防止樹相更進一步的損壞。但是那條束帶嵌進樹幹，反而更令人不忍卒睹。而且，就像大多數楠木老樹一般，主幹產生了巨大的空洞。

「葛見神社的大樟樹」（國家指定天然記念物），主幹喪失已久，分叉的樹幹到處都是樹瘤，容貌極不尋常。樹圍十五公尺，樹高二十五公尺。

多數闊葉樹只要活到幾百歲，就會露出異相。但是以這棵樹來說，異相只是讓人感到它老到極致罷了。

樹的跟前有記述前首相若槻禮次郎捐獻的石碑，碑上以「讚老樟」為名，題了一首詩。

靈怪似神龍 晴天掀雲雨
誰圖陵谷變 一木支千古（勺水／〈日下寬識〉作／原為漢詩）

「陵谷之變」的意思是丘陵變成山谷，山谷變成丘陵，意指滄海桑田。這首詩是在說「這棵樹如同神龍一般，在晴天也能興雲帶雨，一棵樹自千古之前，支持著人們，看盡人世變遷」的意思吧。

這份感慨也是在讚頌這棵樹千百年之間接受人們的祈求吧。而樹洞前供奉的小祠，也述說著這個現象。

聽說這個祠是疱瘡神社與疱瘡稻荷的合社。

疱瘡便是所謂的天花，從前因為感染率、致死率極高，是人類最為畏懼的傳染病。人們為了消滅或治癒天花，而到這裡來祈禱許願。可是為什麼這裡會供奉、膜拜堪稱疫病神的疱瘡神呢？

恐怕與大樟樹的樹皮不無關係。

天花最大的特徵，便是全身皮膚都會出現蓄膿的水泡，稱為膿皰，治癒後也會留下痘疤。

總之言之，大樟樹的樹皮滿布大大小小凸起的樹瘤，讓人聯想到疱瘡的膿皰，人們可能因而

葛見神社。樟樹雖在本殿的左方，但混在背後的森林中，猛一看時竟看不出它的存在。

（右頁）大樟樹正面的樹幹凹洞部分供奉的小祠，已經與樹融為一體。這個構圖令人想起某個東西……

相信神木代替自己或父母兄弟承受了這個流行病。

換句話說，一般認為這棵大樟樹因為貌似痘疤的樹皮，而成為疱瘡神的附身物，同時也被視為代己受苦（代替自己受疾病之苦）的「印記」。

與根源女神相通的象徵主義

但是，凝視這樹洞形貌的過程中，筆者腦海卻浮現出不相干的想法。越是仔細端詳，越覺得它像女人陰部。

常有人看到樹相便覺得它像什麼，因此沒有必要對當下看到的印象，找出什麼特別的意義。不過，這裡我卻有些牽強附會的浮想聯翩。

葛見神社是從祭拜借宿於社內樹木的葛見神開始的。若是如此，「葛見」（kuzumi）原來可能源自於「楠見（Kusumi）」或者「楠靈（Kusubi）」。

附帶一提，若是說到「kusumi」神，很容易聯想到和歌山熊野那智大社的主神——熊野夫須美神（也寫成久須美或牟須美）。該社院內也有大樟樹神木，有一說認為主神的名字來自楠之御靈（楠靈）。葛見神社雖然沒有留下從熊野迎來分神的典故，不過樟樹通過海路也許有近緣性。

另一點，那智的主神據說就是伊弉冉尊，如果將根源的女神形象與葛見神社的大樟樹交疊的話，前方樹洞如同女陰也就沒什麼好奇怪的了。進而，它猶似痘疤的驚人樹皮，也讓人聯想到已赴黃泉國的伊弉冉尊對隨後追來的伊弉諾尊說「別看我」時的醜陋面容。

到此，全部都是筆者的胡思亂想。

神社初始的樹

武雄的大楠（佐賀縣武雄市）

祭神的寶座奉為神木

No.39

佐賀縣武雄市，在近年大受矚目的武雄市圖書館旁，有武雄神社的一之鳥居*。圖書館的摩登造形，與這座莊重的石造肥前鳥居，恰成對照。但是越過從這裡延伸的參道，遙望的武雄神社與其背後山峰組成的景色氣勢磅礴，足以將近前的現代建築擠出視線之外。

凸起兩個鮮明尖頂的山，叫做御船山。

如果想起舟形埴輪裡看到的那種船首與船尾翹起的古代船，的確是有點兒像。山麓一帶有一片石堆，如同堅固的城壁，而神社便坐落其中。

依據《武雄神社本紀》的記載，神功皇后征討三韓的回程中，在武雄停下軍船，後來它化為御船山，所以將同行的住吉神與武內宿禰安奉在御船山的南嶽（船尾部分）從此創祀。後來，聽從神諭將武內宿禰遷座到北麓（船首），與其他四尊合併，創建了武雄宮。

面朝本殿左後方有寫著「御神木」字樣的鳥居。

參道先有段下坡，然後再上坡，氣喘吁吁的走到坡頂，出現一棵枝繁葉茂的高聳老樹。它就是「武雄的大楠」。

「那裡不需要『神明的說明』，見到那超越人類智慧的壓倒性雄姿，自然便落下淚來。一再來參拜的信徒不絕於途。」（武雄神社官網）

從一之鳥居看到的御船山。照片中央可見武雄神社的建築，坐落於高高的石牆上。

*：從神社入口往社殿方向數來的第一座鳥居，也是最外側的鳥居。

樹齡據稱已有三千年以上，不過根據不明。

依照武雄市的解說，樹高約三十公尺，樹圍二十公尺，樹枝伸展範圍東西三十公尺，南北三十三公尺。在全國巨木中排名第七。它的龐大自不待言，雖然樹相極致的老態有些可怖，但依然英姿挺拔的神態還是不由得感到莊嚴。

不對，莊嚴還不足以形容它。

大樟樹在許久之前失去了主幹，露出了大空洞，但是在地表附近開的口設有石階，引導人瞻仰「胎內」。事實上，一般的參觀客不會走進裡面，只會遠遠圍觀。裡面的空間大約六坪大，供奉著石祠，也有執行儀典。大樟樹即是神靈的寶座，也是神社本身。

從位置來看，不難想像大樟樹神木的地位既是武雄神社的元宮，同時也被視為御船山神附身的神籬。不管怎麼說，相傳三千年的樹齡，似乎也暗示著它可上溯到神社創建之前、乃是該社的根源。

另外，神木中奉祀的主神是「天神」。

這裡所謂的天神，至少並不是平安時代真實存在的「天神大人」菅原道真。那麼，祂是何方神聖呢？這裡我們並不是想對神社聲明沒有必要的「神明解說」再追根究柢。但我所想得到的是堪稱天神的原像「火雷神」（雷神），或者是掌管閃電雨水的天神。

筆者之所以好奇，並非沒有原因，在我到九州神木之旅時注意到，樟樹代表的神，大多都稱為「天神」。而其中「武雄的大楠」可能是現存最古老的「天神之樹」。假如說九州有天神木信仰的話，就必須重新思考它的原點所在，我想把它當成今後的課題。

（左頁）「武雄的大楠」。雖然有著極大的傷痕，但老樹樹冠繁茂，至今依然健在。可能由於自古就是祭神的空間，有人加以照顧，所以即使它的大小和樹齡達到標準，卻未成為國家指定的天然記念物。只是，沒有比這棵樹更能展現神木意義了。

石階的盡頭成了寬闊的空洞，中間設有石祠，放了各式各樣的供品。「大楠」既是活的樹，同時也是神殿。

八岐大蛇的化身

志多備神社的長椎栲（島根縣松江市）

No.40

纏住藁蛇的怪物

從JR松山站搭車約二十分鐘，松江市舊八雲村的桑並地區，是沿著意宇川的支流——桑並川的狹長形山谷村落。

依循終點的廣播聲下了車，看得見剛剛插完秧的水田後方，點綴著蔥綠色的長椎栲森林新葉。

筆直的參道宛如拓寬的田埂，盡頭立著志多備神社的白石鳥居，歡迎參拜者進入森林。對面本殿的右後方，是另一個神域。

那裡藏著「怪物」。

大樹茂密的枝葉使得白晝依然昏暗，根部附近圍繞著有點像大蛇的稻草編造物（叫做藁蛇），爬升到樹幹的分歧部分。這風格不同凡響，不過我發現這應該是「怪物」的背部，所以繞了半圈，來到它的正面。

我感受到無與倫比的「壓力」，從地面出現的粗大樹幹，隨即像是把能量散發向四面八方般分歧開來，或許應該稱之為爆炸性的樹勢吧。一坨坨隆起，哦不，是瘤狀分幹（很難稱之為枝），經歷悠久的樹齡，更加暴露出它的怪物特質。被它壓制般的凝視了一會兒，注意到分幹的底部，藁蛇的頭正張開大口打量我。

志多備神社。樓門是出雲地方特有的形式，盡頭可見本殿。這條參道旁也有棵長椎栲的巨樹。
（下頁）進入樓門，往右後方走，出現了目標「志多備神社的長椎栲」（縣指定天然記念物）。

「（樹）長年累月後便有了靈氣。」聽說水木茂大師晚年見到此樹時，曾自言自語的說。

「這棵長椎栲神木住著守護桑並地區的總荒神。胸高周圍一一・四公尺，樹高約二十公尺。樹幹在離地三公尺附近分成九枝（一枝已枯死），枝葉向四方開展。樹枝範圍東西約二十公尺，南北約三十三公尺，樹齡不詳，推測有數百年，是日本最大的栲樹巨木。」（解說牌）

九枝中有一枝枯死，還有八枝。若是如此，這棵樹簡直就像記紀神話中出現的出雲八岐大蛇呀——。而且，還用稻草編的粗大長蛇將它圍住，豎立了許多御幣拜祭它。不管怎麼說，「有總荒神寄宿的神木」就表示這棵神木是荒神的附身物（神籬），有藁蛇（＝荒神）圍繞其上，似乎意味著它成為御神體。

纏藁蛇＝荒神＝八岐大神？

這條藁蛇＝荒神到底是何方神聖？

事實上，在出雲（島根）或伯耆（鳥取）一帶，藁蛇隨處可見。較多的模式是在神社院內或周緣部分，在附身物的樹上纏上七圈半的藁編蛇體，而且把龍頭（蛇頭）安置在樹木的根部。

這些藁蛇都叫做「荒神大人」。松江市內的古社——揖夜神社和神魂神社內也看得到。不過，兩者都掛在有大社造*特徵的本社社殿，但此社卻是纏繞在沒有屋頂、風吹雨淋的神座。神的「待遇」也未免差距太大。但是看到蛇腹和龍頭周邊豎立的御幣數量，可知神木受到虔誠的祭拜。

日本民俗學之祖柳田國男曾道，荒神是「植基於地主神的思想」，「是真正山野的神」，

留下八岐大蛇傳說的八俣大蛇公園（島根縣雲南市），八岐大神與素戔嗚尊的石像。最前方的石牆是大蛇的腹部。

（右頁）如果將二三二－二三三頁照片當成正面的話，這張就是背面。纏繞在根部的藁蛇爬上樹幹，繞到分成八枝的大樹枝底部。

*：日本最古老的傳統神社建築風格。

又說：「從字義上來說，好像泛指荒野的神，但還是源自於『狂暴的凶神』的稱呼。」（引自《石神問答》）

柳田也用稍微抽象的措詞闡述：「被統治者（先住民）的首領中，服從統治者（新住民）者被稱為國津神，抗拒者便叫做荒神。」（摘自前書意譯）就結果而論，他的意思是說國家公認的神會供奉在社中，不受公認的神就等於荒神，不允許人民奉祀吧。

出雲的荒神是地方神祇，存在於庶民生活空間（山野、田地、居住地）中的神明，與中央公認的神明序列沒有關係。而最具象徵性的就是藁蛇。

而根據一般的說明，藁蛇的中心思想可追溯到八岐大蛇。

說到八岐大蛇，史書上記載「一副身軀上長了八個頭、八條尾巴，眼如酸漿草般鮮紅，背部長了青苔、檜樹、杉樹，蛇身巨大橫跨八座山谷和八座丘陵，腹部總是淌著血」（《古事記》）的怪物，但古代史學學者瀧音能之認為，它的原形就是「出雲國本身」。換句話說，它應該是住在出雲土地上所有地主神的總稱。

對人們來說，親近的神未必是好神。「狂暴的荒神」總是利用其本領，或具神威降災來表現。正因為如此，才必須在適當的地方鄭重的祭祀。而最「適當的地方」就是這棵長椎栲。

筆者很想在這裡深入解讀在這令人聯想八岐大蛇的長椎栲樹身，纏繞象徵八岐大蛇＝荒神之藁蛇的意義，不過簡而言之，應該不外乎將出雲風土中產生的「總荒神」神座（神籬）放在「日本最大長椎栲」上。

有句話說「論神宮，即伊勢神宮，論大社，即出雲大社」，用來比喻獨一無二的神社。不過，筆者還想多加一句「論荒神，即志多備神社」。

松江市揖夜神社院內供奉的「荒神大人」。奉祀著雌雄兩具龍頭，藁蛇繞著神籬的樹七圈半。

如同富士山的神木

河口淺間神社的七棵杉（山梨縣富士河口湖町）

No.41

參道與「七棵杉」的雄姿

杉樹為什麼是「杉（sugi）」呢？查了各式各樣的資料，大致歸納如下：「直（sugu）木之義」（《日本釋名》），「筆直生長故以名之」（《倭訓栞》），「由一味向上前進之樹處，取進木（susumiki）之義」（《古事記傳》）。

將天與地一直線連接的柱狀杉樹，只有它最適合作為神的附身物。

我想應該沒有別的地方能像這裡有那麼多杉樹巨木集中生長在一處，形成「不尋常」的景象吧。河口淺間神社坐落在富士五湖之一的河口湖東北，寺川與御坂町（國道一三七號線）交叉口附近。

簡要說明的話，數十公尺的參道並立著十一棵樹圍七公尺，樹高超過四十公尺的巨樹。神社內侷促的聳立著杉樹神木，稱為「七棵杉」。

另外，參道的那排杉樹，是鎌倉街道（御坂町）開闢時植下，樹齡八百年參道林。而「七棵杉」則是更早，樹齡達一千二百年。每一棵杉樹都引經論典的取了以下的名字。

拜殿前的是「御爾」（一），從右手邊的社院前到後面，分別是「產謝」（二）、「齡鶴」（三）、「神綿」（四）、「父母」（五、六）。

其中「父母」是兩棵杉，又叫男女杉，是根部相連的兩棵樹用一個名字稱呼，通稱「結

河口淺間神社參道上成排而立的巨大杉樹。

緣杉」，源自日本神話伊弉諾尊、伊弉冉尊的故事，男生從右，女生從左繞杉樹外圍一圈，兩人一起通過杉樹之間參拜的話，據說就能結為連理。但是現在周圍已經圍起來，不能通過了。社方擔心根部受到損傷，也是不得已的做法。

躲在「七棵杉」最裡面的一棵是「天壤」（七）。

解說牌上寫「天壤為天地之意」，又說「又叫御柱杉，為與天地一同無窮無限的象徵。直聳入雲的身姿、表徵樹木崇拜的姿態、神靈來臨的神座、神木」。文字寫得天馬行空，不過實際瞻仰，真的充滿了不必多言的說服力。可以說「富士山麓有另一座富士山」嗎？樹相有如「富士的高嶺」，從寬廣的麓野猛地直竄而上，樹圍（離地一．五公尺）八．一公尺，與其他神木差不多，但是根部範圍實際達三十公尺，力壓群芳。

「天壤」一名的典故，出自《日本書紀》天孫降臨的情節，天照大神向瓊瓊杵尊下達神敕：「寶祚之隆，當與天壤無窮者矣」（天皇之位永遠隆盛傳繼，與天地永存相同）。以如此偉大的故事來比喻，這「不二之神木」唯令人惶恐矣。

該社為貞觀六年（八六四）富士山爆發後，受到淺間大神（富士山之神）的神諭而創建。「降災於國家之役人，令百姓病死，以齋祭此國……應盡早定立神社，並任用神職，好生奉祭。」（《日本三代實錄》意譯）

若是如此，這片巨木林也許就是祭祀富士之神的巨大神殿列柱。我走在神社內，從渺小人類的觀點突然如此想到。

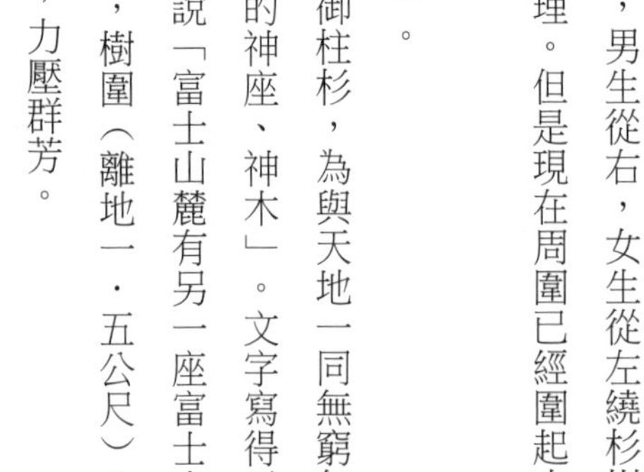

院內「七棵杉」中的第五和六「父母」，亦是所謂的夫妻杉。

（左頁）「天壤」展現從巨大根部筆直竄上的「稜線」。名稱意指天與地。

（二四〇頁），「七棵杉」之中，最前方的是「神綿」、「齡鶴」、「產謝」。

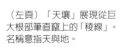

奧之院入口的鳥居杉

橫根的大杉權現（福井縣越前市）

裏杉的衝擊

前一節介紹杉樹定義的說明，其實只用來形容全國各地植林的一般杉樹，也就是以吉野杉為代表的太平洋沿岸和九州的杉樹。

但另一方面，還有一群自生在日本海沿岸的杉樹，它們多以裏杉、蘆生杉，或者是白山杉、平泉寺杉來稱呼。

這些自生於「裏日本」的杉木巨樹，對只在九州和東京周邊生活過的我來說，是種驚異的存在。以特徵來說，這種杉樹會大幅彎曲以承受冬天的大雪，偶爾會接觸地面，直接生根（壓條性）。與此同時，在豐沛的雪融水支持下，它能堅強而恣意的生長，有時它的異形會嚇到「表側」的人們。

到北陸尋訪裏杉時，有一棵樹從一開始就決定去探訪它。

福井縣越前市，從JR武生站往西，目標靈松山橫根寺。到本堂合十行個禮，便往內院走約一百公尺，很快就看到兩棵大杉。

最大的特色是巨大的杉樹形成了天然的鳥居。

鳥居旁種了一對杉樹的例子經常可見，但是這裡的其中一棵向側邊伸出粗枝，搭上另一棵的樹幹，變成一道門，這種景象卻是絕無僅有。鳥居上方相當於兩根橫木的橫枝中央，還

No.42

細心的掛著「大杦權現」的匾額（杦是杉的異體字）。

傳說養老元年（七一七），泰澄大師甫創建靈松山橫根寺時，親手栽植的杉樹，現在已長到這般巨大。參拜者一般會從下方通過，前往山頂的本堂，所以，它又名「鳥居杉」。

這組夫妻杉的根部供奉了不動尊，有「觀音水」汩汩湧出。人們認為此水有療癒疾病和無病消災的功效，所以來取靈水的人絡繹不絕。

進而，從夫妻杉往後方向上走一．五公尺，山頂有平成二年（一九九〇）燒毀的後之院。舊院內的空地上重建了觀音與仁王的宏偉石像。

附帶解釋一下，權現是指佛借（權）神之形現身的意思，總之，觀音水之名暗示橫根寺的本尊（觀音菩薩）透過寄宿於杉木的神（權現），使靈水湧出。此外，供奉的不動明王像是修驗者的主祭神，應該是修驗的修行者將兩者結合起來的。修行人為靈水加持（結印頌真言，祈求佛的護持）因而神木才轉變為大杉權現，對人們現身展現大能吧。

兩杉乍一看彷彿是兩棵樹結合為一的連理杉，其實並非如此。大樹枝橫向伸出，在碰到另一棵杉樹前，彷彿發現方向錯誤般，來個大回轉，繼而垂直向上。

自古以來，參拜者總是敬畏的瞻仰神木的異相，汲取靈水淨身後，前往山頂的本堂。直到現在，當地人還是會一大早三五成群的來到這個山村後境的山之入口處。

至於我，則穿過這座鳥居，以這裡為出發點，前往裏杉巨樹鎮守的北陸「奧之院」去。

左邊樹木的後面湧出「觀音水」。神社建了參拜者用的水手舍，視為神水重用之。

（左頁）「橫根的大杉樹」。筆者較想採用匾額上的名稱「大杉權現」，鳥居般的造形，因為它乃是觀音菩薩化身之神所寄宿的神木。

「若宮大幡宮的大杉」（福井縣勝山市）。白山平泉市在中世時代，為白山信仰的一大根據地，其舊日院內的南端，在戰國時代全山燒毀時，卻有一棵杉樹存活了下來，樹圍五・三四公尺，但份量遠超這個數字。挖掘出的五輪塔殘骸安置在樹的根部。

北陸的裏杉

若宮八幡宮的大杉（福井縣勝山市）、御佛供杉（石川縣白山市）

五十谷的大杉（石川縣白山市）

從「大杉權現」（二四一頁）為開端，我展開了北陸神木的裏杉巡禮。

裏杉是指分布在日本海沿岸的天然杉樹，採用此稱呼是為了與太平洋岸分布的表杉作對照。它適應了冬天低溫多濕，且降雪量多的氣候，乃杉的變異種。相對於表杉，其特徵在於耐陰性（待在日陰處也能耐得住的特性）強，低處樹枝不因降雪而枯死，而是下垂，與地面接觸發根（壓條新生）。生理學上來說，有否定表與裏二元論的傾向。不過樹相的不同，似乎與該地居住者的精神性有深刻的連結。話雖如此，這個問題很難得出答案，所以只能瞻仰它不尋常的英姿，心存敬畏而已。

（左頁）「御佛供杉」（石川縣白山市）。從根部附近分叉出多條大樹枝，形成廣大的樹冠。村民小心守護大智禪師插入土地的杉樹細枝，由此長大成樹。（左頁下）「五十谷的大杉」（石川縣白山市）。從上述位置沿著河邊往上游開車約二十分鐘，進入山間的廢村地區，神木就在其中的神社內。

No.43

天然紀念物

不受管束的觀音權化

岩屋的大杉（福井縣勝山市）

威嚇参觀者的爆發樹勢

神井縣勝山市有個叫北鄉町岩屋的地區，明治初期有三十八戶，人口二一四人，但是到了昭和四十年左右，卻成了廢村。

聳立在該地的「岩屋大杉」有時看起來像是在威嚇参拜者，不只是因為它的巨大，從山岩般的樹幹分叉成五枝，直聳入天的爆發樹勢，真是威猛嚇人。裡面的一株垂落到地面附近，又漂亮的反轉。

這尊大樹宛如在靈峰白山出現，並成為穿過勝川市河川名稱的九頭龍。可惜的是「頭」的數量不夠，傳說，以前有十二枝，某個冒失的人砍下了六枝時，白龍現身，盤旋在剩餘的六枝（現在只剩五枝）樹枝上，阻止砍伐。

不管傳說如何，但是「民眾認為它是雲龍的化身，敬之為神」（昭和十六年《勝山朝日新聞》）卻是事實。據說昭和四十二年，有人想整理時，白蛇出現。

大杉樹下有個用鐵板圍住、受人供奉的小祠頗引人好奇。

解說牌上寫，祠內供奉了「一寸八分觀音」（五・四公分大小的金銅像）。這尊「一寸八分觀音」，據說和淺草寺祕藏的那尊完全相同，同尺寸的「金佛」傳說，在各地流傳。既然是如此，我不禁想像，這「至寶」會不會就是大杉信仰的根據呢？不過目前無法參觀，也

岩屋觀音的寺院。左邊可見的拜殿後方，就是我想瞻仰的樹。
（左頁）「岩屋的大杉」。樹圍十七公尺，樹高三十三公尺。據傳下來的典故，樹齡達一千二百年，在日本杉樹神木中的存在感稱得上數一數二。

No.44

沒有任何解釋典故的史料。

若問我為何如此在意，因為大杉所在的這個地點，在歷史上也是十分重要的聖地、靈場，叫做「岩屋觀音（岩屋神社）」。

岩屋觀音始於傳說中的大師泰澄*將親手刻製的如意輪觀音、十一面觀音、聖觀音安奉於寺內巨岩下。自古便以靈嚴寺而聞名，傳說以前這個靈場居於前往白山參拜的路上。

在〈岩屋觀音緣起〉的史料中，記載了下面這段耐人尋味的文字。

「……此靈場的讚譽傳到了國司耳裡，修建了宏偉的本堂。但沒幾天，本堂受損，遭到風雨、大雨襲擊，觀音像竟然爬滿了螞蟻。村民不願坐視，欲將螞蟻清除，突然雷電劈落，下起冰霰和大雨。

「最後，這個地方只能保持『土地狹長，山高石尖，洞穴深邃，直通地泉。山谷深遠，森林昏暗，道路險峻，荊棘叢生，連輕裝步行都不容易』的狀態。但是觀音法力無邊，『此村邑中古今從無婦女難產死亡，亦無小兒因疱疹過世。更無因落地雷損害產物。』」（以上為筆者意譯）

實際上，這所巨樹與巨岩交錯的院內，除了觀音堂和這棵大杉之外，還有飯盛杉、夫妻岩、御神木奉靈岩、潛堂（於樹洞內）等奇特的自然景物。這裡是個在原始天險的自然環境中，修習神佛一體的道場。

「岩屋的大杉」生長在這樣的地方，但別名卻是「帶子杉」。聽說將杉皮刮下煮來飲用，母乳便會豐富。樹的根部附近，樹皮明顯有被刮下的痕跡。

堅決抗拒人力修整，傲然展現自然荒蕪的同時，卻仍慈悲的保佑眾生——這棵大杉，也許真是岩屋觀音的權化。

一看「大杉」的根部，供奉了石地藏。樹皮有被削掉的痕跡，述說著「大杉」信仰至今依然存在。

*：六八二—七六七年，奈良時代中期的山岳修行者，白山的開山者，後為病中的天皇祈福，天皇康復後，授於禪師之位。天平九年修十一面觀音法，平鎮天花疫病，升為大和尚。

後記

這個國家裡有許多「主子」。

這是現下寫完這本書時，我的真實感受。雖是一閃而過的靈感，但卻也想不出更好的形容。說得更認真一點，「主」加上木字邊就成了「柱」，而一柱、兩柱正是計算神靈的單位。若是冠上「御」的尊稱，就成了「御柱」。這兒就浮現出《古事記》伊弉諾尊、伊弉冉尊神話裡的天御柱、伊勢神宮或出雲大社中軸的心御柱等關鍵字。

若要說到立起，則是長野諏訪大社的御柱。每七年舉行一次的御柱祭中，從砍伐到最高潮的建御柱，全以人力拖曳那棵巨木。不只如此，人們還跨坐在巨木上滑下陡崖，渡過河流，旁觀的人覺得實在太胡鬧，但是他們透過與巨樹的親密接觸，深深感受身為神之子的喜悅，於是以一棵樹延展成森林的樹成為了御柱。

人稱御神木的樹，也與人類有著不可切割的關係。

本書一再提到神木大多長在社寺的院內，即使是長在森林中的巨樹，總有一天也會被人發現，加以奉祀。因為他們從它身上感受到什麼，試圖與它結緣。不管怎麼樣都會想出這種點子，似乎是我們國人的民族性。

不用我說，雖然稱它神木，但樹木本身並不是神，人們是發現了寄宿在樹中的「某物」，所以才將樹稱為神木。因此，回到一開頭的主旨，歸結到最後，那個「某物」即是去掉尊稱和木字邊的「主」。

＊

從一棵樹找到某物，對我們而言，並不是特殊的感性。

以我來說，當我架起相機以仰角捕捉樹的全體像時，經常會萌生惶恐之心，彷彿張開多手的巨人將朝我威壓而下。另外，櫸木巨樹或落葉的銀杏，越看越覺得其容貌彷似妖怪。長椎栲扭轉身子，也像是想要向我訴說什麼的怪物。

「看起來像〇〇〇」，也許是人類認知作用中極普通的反應，但偶爾也會超越分析式的思考，令人瞠目結舌。

舉例來說，「府馬的大樟樹（長椎栲）」（一八八頁）。全身纏繞著苔蘚和各式各樣的植物，背負著無數槲寄生的姿態，令人湧出難以言喻的感受。「西平的大榧樹」（二〇九頁）發出暗金色的雄偉英姿，則讓我有種被精靈包圍的幸福感。

當然，與此同時，我大多是像被未知力量壓制，而啞然無語，呆然佇立。我不得不認為，神木所擁有的力量，不只是單純展現所謂「神威」或「靈威」的力量，而是體現出我們世界具有的慈悲和智慧的功能。

而且，它們觸動了我們內在的「靈性」。如果你問靈性是什麼，我也無法回答。如果暫以「宇宙之中生命的自覺」（鎌田東二）來解釋的話，我們在這些所謂神木的樹上，看到了所有生命的生涯，看見生命誕生的作用，看見潛在的「力量」，看見過去（祖先）與未來（子孫）相連的證據。而且，神與佛也在其間看著。

這個國家裡留下了許多這種神物，我認為是非常美好的事。

*

話雖如此，我看過的神木，只是極少的一部分而已，還有很多神木值得我去瞻仰。世上有許多巨樹愛好者，可能會有人批評「你遺漏了更驚人的樹」等等。若是有這方面的指教或建議，我將不勝感激。

巨樹的書已出版過各種主題，但是以神木的觀點來詮釋的書還沒有看過。雖然，作為解說樹木的書而言，內容也許有些偏頗，不過由於我在植物生態方面，是個門外漢，也許也會出現謬誤之處，也希望相關的專家能多給予指教。

本還依依不捨的想多寫些隻字片語，但是後記的篇幅有限。本來此處必須向協助採訪的各方人士表示感謝，但是協助我的人和相關單位實在是族繁不及備載，在此先為我的失禮道歉，同時也衷心的向各位表示感謝。

最後，向爽快同意出版這本與眾不同的書籍，並且緊密相伴的駒草出版，和執行編輯杉山茂勳先生致上深深的感謝。

本田不二雄

附錄各行政區神木索引

府馬的大樟 千葉縣香取市府馬 2395
中里道祖神的紅楠 千葉縣成田市中里 132

東京都

平久保的栲樹 多摩市落合 4-22

神奈川縣

明神之楠 神奈川縣足柄下郡湯河原町宮下 353
箒杉 神奈川縣足柄上郡山北町中川
海南神社的大銀杏 神奈川縣三浦市三崎 4-12-11

新潟縣

下来伝的大杉 新潟縣長岡市来伝

石川縣

御仏供杉 石川縣白山市吉野春 3
五十谷的大杉 石川縣白山市五十谷町イ 144

福井縣

横根的大杉權現 福井縣越前市横根町 25
若宮八幡宮的大杉 福井縣勝山市平泉寺町平泉寺
岩屋的大杉 福井縣勝山市北郷町 11

山梨縣

根古屋神社的大欅樹 山梨縣北杜市須玉町江草 5002
伊勢大神社的大欅樹 山梨縣北杜市高根町村山東割 960
軍刀利神社的大連香樹 山梨縣上野原市桐原 4134
河口浅間神社的七本杉 山梨縣南都留郡富士河口湖町河口 1

静岡縣

來宮神社的大楠　静岡縣熱海市西山町 43-1

葛見神社的大樟　静岡縣伊東市馬場町 1-16-40

滋賀縣

八幡神社的欅樹（野大神）　滋賀縣長浜市高月町柏原 739

三本杉（多賀大社神木）　滋賀縣犬上郡多賀町杉

保月的地蔵杉　滋賀縣犬上郡多賀町保月

大阪府

野間的大欅樹　大阪府豊能郡能勢町野間稲地 266

住吉大社的千年楠　大阪府大阪市住吉区住吉 2-9-89

薫蓋樟　大阪府門真市三ツ島 1374

葛葉稲荷的樟　大阪府和泉市葛の葉町 1-11-47

玉祖神社的樟　大阪府八尾市神立 5-5-93

島根縣

岩倉的乳房杉　島根縣隠岐郡隠岐の島町布施

大山神社的神木　島根縣隠岐郡隠岐の島町布施

蕪杉　島根縣隠岐郡隠岐の島町中村

玉若酢命神社的八百杉　島根縣隠岐郡隠岐の島町下西

志多備神社的長椎栲　島根縣松江市八雲町西岩坂 1589

香川縣

生木的地蔵樟　香川縣観音寺市大野原町大野原 2288

福岡縣

宇美八幡宮的樟　福岡縣糟屋郡宇美町宇美 1-1-1

佐賀縣

川古的大楠　佐賀縣武雄市若木町川古 7843

武雄的大楠　佐賀縣武雄市武雄町 5337

熊本縣

寂心大人的樟　熊本縣熊本市北区北迫町 618

打越的天神樟　熊本縣宇土市栗崎町 865

郡浦的天神樟　熊本縣宇城市三角町中村 2164

草部吉見神社的神木　熊本縣阿蘇郡高森町草部 2175

市房神社的参道杉　熊本縣球磨郡水上村湯山

阿弥陀杉　熊本縣阿蘇郡小国町黒渕

滴水的銀杏　熊本縣熊本市北区植木町滴水

水源的大欅樹　熊本縣阿蘇郡小国町宮原 1684-5

大分縣

籾山八幡社的大欅樹　大分縣竹田市直入町長湯 8352

宮崎縣

高千穂神社的秩父杉　宮崎縣西臼杵郡高千穂町三田井 1037

鹿児島縣

蒲生的樟　鹿児島縣始良市蒲生町上久徳 2259-1

霧島神宮的御神木　鹿児島縣霧島市霧島田口 2608-5

日本再發現 018

神木偵探：神宿之樹的祕密

神木探偵：神宿る木の秘密

國家圖書館出版品預行編目 (CIP) 資料

神木偵探：神宿之樹的祕密 / 本田不二雄著；陳嫺若譯. -- 初版. -- 臺北市：健行文化出版事業有限公司出版：九歌出版社有限公司發行，2021.10
面；　公分. -- (日本再發現；18)
譯自：神木探偵：神宿る木の秘密
ISBN 978-986-06511-3-3

1. 祈禱 2. 民間信仰 3. 日本
215.27　　110001104

著　者——本田不二雄
譯　者——陳嫺若
責任編輯——莊琬華
發 行 人——蔡澤蘋
出　版——健行文化出版事業有限公司
台北市 105 八德路 3 段 12 巷 57 弄 40 號
電話／02-25776564・傳真／02-25789205
郵政劃撥／0112263-4
九歌文學網　www.chiuko.com.tw
印　刷——前進彩藝股份有限公司
法律顧問——龍躍天律師・蕭雄淋律師・董安丹律師
發　行——九歌出版社有限公司
台北市 105 八德路 3 段 12 巷 57 弄 40 號
電話／02-25776564・傳真／02-25789205
初　版——2021 年 10 月
定　價——450 元
書　號——0211018
I S B N——978-986-06511-3-3